明末清初西方傳教士與中國

劉敏元 著

文史哲學集成
文史哲出版社印行

國家圖書館出版品預行編目資料

明末清初西方傳教士與中國 / 劉敏元著. -- 初
版 -- 臺北市：文史哲，民 102.07
頁；公分（文史哲學集成；642）
參考書目：頁
ISBN 978-986-314-131-0（平裝）

1.傳教史　2.中國

248.2　　　　　　　　　　102015085

文史哲學集成　　642

明末清初西方傳教士與中國

著　　者：劉　　　敏　　　元
出 版 者：文 史 哲 出 版 社
http://www.lapen.com.tw
e-mail：lapen@ms74.hinet.net
登記證字號：行政院新聞局版臺業字五三三七號
發 行 人：彭　　　正　　　雄
發 行 所：文 史 哲 出 版 社
印 刷 者：文 史 哲 出 版 社
臺北市羅斯福路一段七十二巷四號
郵政劃撥帳號：一六一八○一七五
電話 886-2-23511028 · 傳真 886-2-23965656

實價新臺幣二四○元

中華民國一○二年（2013）七月初版

ISBN 978-986-314-131-0　　00642

自　序

　　從唐代至清代，基督教之傳入中國並非始終一貫，而是屢傳屢斷、斷斷續續在不同時期掀起一股西教東漸之波濤。而在歷次的傳教浪潮中，基督教的不同教派曾先後一度分別扮演了比較重要的角色，例如唐代的景教、元代的十字教、明代中葉後的天主教耶穌會，乃至清初的東正教、基督新教等；而且，明末清初之際來中國的基督教傳教士主要是天主教耶穌會的會士，他們大批地順著海路東來中國，造成了西學東傳的高潮，確實促進了中西文化之間重要的交流成果。

　　這些西方傳教士學識精博，他們利用西方的科學技術來取信於中國官民，並將傳播西方科學文化知識與傳教結合起來，既有利於其等的傳教事業，也爲東西文化交流作出頗大的貢獻。明末清初來華的傳教士很多，著名的有艾儒略、湯若望、南懷仁等，其中對東西文化交

流有重大貢獻者，首推意大利人利瑪竇。他到中國後，先居澳門，西元一五八三年（明萬曆十一年）遷至廣東肇慶，並留居了十五年。在此期間，其學習華語，翻譯西方數學、地理等書籍，並恪守中國禮俗，其後於一六〇一年至北京，向萬曆皇帝進貢方物，並上陳「陳情表」，表達己身對中華文化仰慕之忱，以及對天文地理研究的情況。這些西學東漸的過程，筆者以爲對於中國自清末以來以迄民國的中國現代化歷程，扮演著重要推動的角色。

　　筆者在本書中嘗試分析其等對於中國的貢獻，冀希能爲後來研究學者提供一基本之瞭解，以及後續深入研究之礎石，果若能如此，於願足哉。

劉敏元 謹識

民國一〇二年七月八日

明末清初西方傳教士與中國

目　　次

壹、前　言

　　當西元十六、七世紀（亦即中國明末清初）時，天主教曾經在中國大放光彩。一般人多以爲是利瑪竇（Mathieu Ricci, 1552～1610）入華後，才將此宗教傳入中國，而不知早在唐朝（第七世紀）時，它就已經得到皇帝及一般民眾的信仰了。當時流行的景教，實即天主教之別派聶斯多略派（Nestorienne Eglise）[1]。宋朝時教務日趨衰落[2]，直至元朝突興，東西交通大開，天主教傳

---

[1] 由阿羅本（Alopen）於西元六三五年從大秦（大約指波斯）傳入中國，來後三年，唐太宗給他建立了一所寺院於西安，此後各寺院繼續由高宗建立，同時阿羅本受封爲護國大法主，以後景教便傳遍十道。
　參閱德禮賢著，《中國天主教傳教史》，台北：商務印書館，民國五十七年六月，頁九。

[2] 唐宋時景教曾數次遭禁，教士及教徒人數大量減少，根據方豪神父之研究，宋代景教教運之衰，可由盩屋大秦寺之易主見之，當時大秦寺主權已落入道教手中。至南宋寧宗慶元五年（一一九九）與嘉泰元年（一二〇一）間盩屋大秦寺則已完全成爲廢墟了。
　參閱方豪著，《中西交通史》，台北：中華文化事業出版社，民國五十七年，第二冊，頁二三一～二三三。

教士孟高維諾（Glovami de Montecowino, 1247～1328）
等東來傳教後，教務才廣布發揚，皇室后妃亦有多人信
奉，當時稱十字教或也里可溫[3]。但元代不及百年而亡，
教務也隨之中斷。十五世紀末，由於新大陸、新航路的
相繼發現，刺激航海事業的發達，引起許多殖民國家的
野心，乃派遣艦隊或商船到世界各地殖民或通商，傳教
士也於此時乘兵艦或商船之利，將教義傳播世界各地。

　　最早來東方傳教的，為耶穌會（Society of Jesus）
的會士，首先進入中國的，也是他們，例如：聖方濟各
沙勿略（Saint Francois-Xavier, 1506～1552）、利瑪竇、
湯若望（Jean Adam Schall von Bell, 1591～1666）、南
懷仁（Ferdinand Verbiest, S.J., 1623～1688）等。他們入
華後，為求天主教能在華生根成長，乃研究中國傳統之
文化與精神，使教義順應儒家學說，致力於天儒之調和。
他們又積極從事譯書著書之工作，介紹西洋的哲學、神
學於中國，並將天文、曆法、地理、水利等科學新知傳
入中國，贏得了知識分子的好感和信任，在我國重新建

---

[3] 「也里可溫」四字的意義就是景教信徒，也許是景教中的司鐸，也
　有人以為這個名稱是從「阿羅訶」（Elohim）一語的變音而來，在
　西安景教碑中，阿羅訶是用來表示天主，那麼「也里可溫」的意義
　必然是「阿羅訶教的信奉者」了。
　同註一引書，頁二〇。

立了教會的基礎。中國的傳統文化吸收了西方科學求真的精神，融合了現代西方科技之長，促成了學術思想上的大進步，這思想上的大進步，乃是古老的中國邁向近代化的起點，因此許多學者常以明清之際作爲中國近代史的開端。

　　同時，中國的四書五經也賴傳教士們傳入西方。歐洲人接受了中國的思想，掀起了一個瘋狂崇拜中國文化的運動，十八世紀的「啓蒙運動」於焉產生。整個歐洲不論在文學、美術、建築及日常生活方面，均沾染華風，這在歐洲歷史上佔有相當重要的地位。這一段時期可以說是中西文化交流相當蓬勃的時期。這一切，都不能不歸功於當年畢生獻身於教會的傳教士們。

　　由此，我們可以看出，天主教傳入中國，雖然已有一千多年的歷史，但早期（唐、元二朝）的天主教事業，都只如曇花一現，不久便歸湮沒，並未在中國文化史上留下多少深刻的痕跡，直到明末才在中國生根，至今未絕；同時也對中國文化產生了莫大的貢獻與深遠的影響。故明清之際天主教流傳中國，實爲中國天主教史上的一大關鍵時期，值得吾人進一步去了解，而其在中國文化史及西洋文化史上的影響，更是不容忽視。

　　近代西方學術之輸入我國，可分爲二期，第一期，
始於明萬曆中葉（西元一五七三～一六一九年），盛於
清康熙年間（西元一六六二～一七二二年），至乾隆中
葉（西元一七三六～一七九五年）而絕。第二期，始於
清咸豐（西元一八五一～一八六一年）、同治（西元一
八六二～一八七四年）年間之講求洋務，以迄今日。本
書寫作範圍係以第一期二百餘年間天主教入華及西學輸
入之史蹟爲主，並簡略介紹西學入中國後對中國文化的
貢獻及中學藉傳教士傳入歐洲之大概與影響。

貳、明末天主教再傳我國之歷史背景

一、傳入機會

　　天主教在中國，自元朝以後，雖已中斷了三世紀之久，卻能於明末再度傳入，且開創一全新的局勢，與唐元時代之景教與也里可溫毫無連繫，實因其正逢某些有利發展之機會，今試舉其要：

　　1.新航路之發現：西元十三、四世紀，土耳其回教民族興起，控制中亞，關閉了東西交通的孔道，從此在東西世界間遂豎立了難以飛越的天塹。直到一四九七年，達伽瑪（Vasco da Gama, 1469〜1524）繞過好望角（Cape of good hope），開闢了新航路，東西之間的交通才復開啓，在達伽瑪繞過好望角後，葡萄牙人更進而

抵達印度之臥亞（Goa），然後再繼續進抵麻六甲
（Malacca，舊稱滿剌加），更進而至廣東、福建、浙江
之海面，最後竟佔領澳門；西班牙人則繞過南美洲麥哲
倫海峽（Strait of Magellan）而抵達馬尼拉進至台灣、福
建等處[1]。由於新航路的發現，促進海上事業的發展，傳
教士也易於隨船舶至各地宣揚教義、傳播福音。十六世
紀到中國來的教士及商人皆循此路線而來，經過幾十年
的奮鬥終於啓開了中國緊閉的大門，把西教西學送進了
中國，同時也把中國的文化導向了歐洲，在中西文化交
流史上展開了新的時代。

　　2.西班牙與葡萄牙的殖民競爭：自一四九二年哥倫
布（Chistopher Columbus, 1446～1506）發現新大陸起，
西葡兩國對尋找殖民地的競爭便更形激烈。於是一四九
四年，羅馬教宗亞歷山大六世（Alexander VI，1431～
1503）應兩國要求，爲之劃分勢力範圍，分地球爲東西
兩半球，以威特島（Verd Islands）之西三百六十海里之
經線爲界，東半（包括亞、非兩洲）屬葡萄牙，西半（包
括西方之新地－美洲）屬西班牙，並以保教權爲酬，要

1　參閱方豪著，《中西交通史》，台北：中華文化出版事業委員會，
　　民國四十三年五月，第五冊，頁九四。

求二國應負責保護屬地的教會，派遣傳教士，運送傳教士，籌劃傳教費用，並爲之建造聖堂和修院。一五一四年，教宗李奧十世（Leo X, 1475～1521），又許葡國如在未知地帶，有任何新地發現，皆得佔領，故十五世紀末，十六世紀初，葡國領土擴張愈遠，天主教傳教事業也隨之愈遠。首次列有「中國地區」（Regions Sinarum）之名，而葡萄牙人在其勢力範圍之內也未拒絕非葡籍之傳教士，故傳教工作得以順利進行[2]。

3.天主教會本身改革的成功：十六世紀自馬丁路德（Martin Luther, 1483～1546）改教後，天主教本身也正從事一種革新運動，使因中古世紀末葉和文藝復興的動亂而衰頹的教會重新振興，教會的紀律愈明而教士的清規愈嚴，此時教士的傳教熱誠也愈高。新修會紛紛成立[3]，並努力向海外發展，教士們不避風浪、疾病、海盜之危險，離鄉背井，遠適異國傳教。其中如耶穌會，爲聖依

---

2 同前引書，頁九七。

3 如加耶坦（Cajetan of Tiene）和伽拉法（John Peter Carafa）創立的提阿亭修道會（Theatines），聖安當匝加利亞（St Anthong-mary Zaccaria）創立的巴爾納伯會（Barnabites），聖熱羅尼莫、愛彌連（St. Terome Eniliani）創立的索馬斯克會（Somaschi），聖安日辣邁利其（St. Angela Merici）創立的烏蘇拉女修會（Ursulines）。
參閱穆啟蒙著，侯景文譯，《天主教史》，台中：光啟出版社，民國五十五年二月，卷三，頁五四～六二。

納爵羅耀拉（St. Ignatius de Loyola, 1491～1556）於一
五四〇年所創，對於會士的訓練異常嚴格，每一會士須
經過大約十五年不斷的在神修、學術以及處世為人的藝
術上有計畫的訓練；此會具有軍隊性的組織，紀律嚴明，
朝氣蓬勃，曾培養了大批優秀的傳教士至世界各地傳
教，對於海外傳教事業有莫大的貢獻[4]。明清之際，來華
傳教者，多屬於此會之教士。

　　4.聖方濟各沙勿略之表率：聖方濟各沙勿略，為耶
穌會創辦人之一，曾接受教宗欽使的名義，至東方視察
教務，曾在臥亞、錫蘭、麻六甲、日本等地傳教，被尊
為「東洋宗徒」[5]。一五四九年當他抵日本試圖傳教時，
發現日人對中國極為崇拜，因日人曾表示：「如果天主
教有崇高的價值，文明的中國必早已信奉了」[6]，乃深感
欲歸化日本必先傳教於中國。同時一些僑居中國的葡萄
牙人對中國也甚為推崇，他曾引述葡人之言：「中國僅
有一君主，一遵守法度之君主，從無內戰，凡事皆嚴格

4　參閱熊光義著，《耶穌會的教育法》，台中：光啟出版社，民國五
　　十四年四月，頁一〇～四五。
5　參閱蕭若瑟著，《天主教傳行中國考》，河北獻縣：勝世堂，民國
　　十二年，頁一〇六。
6　費賴之引「沙勿略事輯」所載。
　　參閱費賴之著，馮承鈞譯，《入華耶穌會士列傳》，台北：商務印
　　書館，民國四十九年十一月，第一冊，頁六六三。

遵循公義處理」[7]，乃更加深他入華的決心，遂於嘉靖二
十九年（一五五〇年）搭商船至廣州附近之上川島，時
中國海禁最嚴，閉關自守，不容外人入境，幾番波折後，
終未能如願，甚而客死於此。雖然其前往中國的計畫一
直未能達成，但他生前的報告、書札寄到歐洲後，使此
後教會在遠東的傳教方針大受影響，更引起了西方傳教
士東來傳教的熱忱。

　　5.奧斯定會（Soceity of Augustin）會士之加入工作：
一五三三年（嘉靖十二年），奧斯定會墨西哥支會成立，
其目標即為向「東韃靼國、中國與尚不能確定福音是否
已傳到之其他國家」服務。其會士拉達（Martinus de
Rada，1533～1578）曾於一五七五年（萬曆三年）率領
若干人抵達泉州，他曾據泉州土音以西文著第一部中文
字典，並曾作遊記[8]。烏達內達（Andrls de Urdaneta，1498
～1568）於次年，偕拉達抵福建海岸，此二人皆為著名
之地理學家。

　　6.明廷對新學的需要：梁任公先生認為「西方的耶

7　費賴之引「沙勿略事輯」所載一五五〇年十一月二十日及一五五二
　年一月二十九日沙勿略手札。同前註引書，第一冊，頁六九四。
8　裴化行著，蕭濬華譯，《天主教十六世紀在華傳教誌》，台北：商
　務印書館，民國五十三年二月，頁一四八～一五二。

穌會教士，對於中國人的心理研究極為透澈，因而專把中國人所最感缺乏的科學知識來作引線」，這說明了耶穌會士之進入中國，是由於中國有接受西學的需要。當時中國曆法多誤，水利失修，而又外患頻仍，由於要解決這些問題，故能放開心懷，歡迎西學，進而信奉西教[9]。

二、教士來華之動機

凡是信仰虔誠，修養高尚的教士，其來華之動機，皆本於其宗教上的目的，雖然他們帶來了西方科學，但只是當作輔助的工作，其主要目的仍在於傳教。他們亦不諱言，如：

利瑪竇復虞淳熙書曰：

「然竇於象緯之學，特是少時偶所涉獵；獻上方物，亦所攜成器，以當羔雉，其以技巧見獎借者，果非知竇之深者也。若止爾爾，則此等事，於敝國庠序中，見為微末，器物復是諸工人所造，八萬里外，安知上國之無此？何用泛海三年，出萬

---

9 參閱梁啟超著，《中國近三百年學術史》，台北：中華書局，民國六十七年九月，頁一八。

死而致之闕下哉？所以然者，為奉天主至道，欲相闡明，使人人為肖子，即於大父母得效絹埃之報，故棄家忘身不惜也。」

陽瑪諾（Enmanuel Diaz Junior, 1574～1659）於其「天問略」之自序中言：

「夫天象甚廣且多，難以殫悟，日月附在人目，亦用切人身。特撮其大略數端，使同志者稍嘗而喜焉。敢曰天論之入門，天堂之引路乎？然實私所祝矣。」

利類思（Ludovicus Buglio, 1606～1682）於「獅子說」序中言：

「今述獅子之像貌、形體及性情、力能，不徒以供觀玩暢愉心意而已，要知天地間有造物大王，化育萬物，主宰安排，使物物各得其所，吾人當時時讚美感頌于無窮云。」

　　國人之爲西士書作序者，亦往往代爲表白其東來之意，如李之藻序「同文算指」曰：

> 「至於緣數尋理，載在幾何；本本元元，具存實義諸書，如第謂藝數云爾，則非利公九萬里來苦心也。」

楊廷筠序「西學凡」曰：

> 「吾終不謂如許奇秘，浮九萬溟渤而來，而無百靈爲之呵護，使終湮滅，獨竊悲諸誦法孔子而問禮問官者之鮮，失其所自有之天學，而以爲此利氏西來之學也。」

徐光啓之「辯學章疏」言之尤切，曰：

> 「其道甚正，其守甚嚴，其樂甚博，其識甚精，其心甚真，其見甚定，在彼國中亦皆千人之英，萬人之傑，所以數萬里東來者，蓋彼國教人，皆務修身以事上主，聞中國聖賢之教，亦皆修身事天，理相符合，是以辛苦艱難，履危蹈險，來相

印證。」[10]

參、明清之際天主教之
盛行及其因素分析

一、天主教盛傳原因

「啊！岩石、岩石，你何日始開？」這是明末耶穌會東方傳教區視察員范禮安神父（Fr. Alesssandro Valignano，1538～1606）鑒於在中國傳教之「無孔可入」所發出的嘆語[1]，曾幾何時，到了康熙時代，天主教已在中國播種、萌芽、紮根了。天主教之所以能在中國大為流行，必有其原因及時代背景，今試分析如下：

1.時勢之所需：即前所言，明廷對西學之需要。明代之曆法，悉踵大統曆與回回曆之舊，然大統曆與回回曆之推算，久已有誤。自英宗正統六年（一四四一年）至世宗嘉靖十九年（一五四○年）之一百年間，即有九

---

1 參閱羅光主編，《天主教在華傳教史集》，台南：徵祥出版社，民國五十六年一月，頁一○～一一。

次推算錯誤或失驗[2]。曆法既有錯謬，要求修曆之議乃起。俞正己、張陛、朱裕、刑雲路等均曾上疏請改曆法，均未獲准。利瑪竇進京呈獻方物時（一六〇一年），於疏文中顯露其有助明廷修曆之意願，然未獲准，至神宗萬曆三十八年（一六一〇年）十一月，監官推算日食又發生錯誤，朝廷乃有意延西士助監官修曆[3]，次年（一六一一年）禮部始上疏請「博求精通曆學者」，參預修曆。因之修曆之事，乃成為明廷事實上之需要，西士多通曆算之學，因而被延至曆局及欽天監從事修曆，曆算知識遂亦因之傳佈於中國。

　　明末國防上禦敵之需要，亦為歡迎西學，製造大砲

---

2 英宗正統六年（一四四一），正月朔，日食不應。
　景帝景泰元年（一四五〇），正月朔，日食，卯正三刻，誤推辰初初刻。
　景帝景泰二年（一四五一），監官言六月朔卯初刻日當食，至期不見。
　英宗（重祚）天順八年（一四六四），四月朔，監推日食，不驗。
　憲宗成化十五年（一四七九），十一月望，月食，誤推。
　孝宗弘治中（一四八八～一五〇五），監推月食屢不應，日食又舛。
　武宗正德十二年（一五一七）六月，預推日食，不合。
　武宗正德十三年（一五一八）五月預推日食，不合。
　世宗嘉靖十九年（一五四〇），推三月朔日當食，不驗。
　參閱方豪著，《中西交通史》，台北：中華文化出版事業委員會，民國四十三年三月，第四冊，頁六。
3 明史卷三二六意大利亞傳：「其年（萬曆三十八年）十一月朔，日食，曆官推算多謬，朝議將修改。」

的另一原因。明朝末年，一方面倭寇特盛，一方面滿清崛起，遼事的緊張，竟成為明朝亡國的致命傷。那時兵的素質既壞，器械又不太精，國家的財政又極為窮困，怎樣能夠開發財源？怎樣能夠改精兵器？這都成為當時第一等重要的問題。葡萄牙人進攻新會，使中國人知道了西方新礮比中國舊礮厲害，現在有了應付倭寇肆擾和滿洲進逼的需要，明廷遂希望從西士傳授的西學中獲得運用新式火器的知識和技能。熹宗天啓二年（一六二二年），明廷派人前往澳門召羅如望（Jean de Rocha，1566～1623）、陽瑪諾（Emmanuel Diaz，1574～1659）等人入京，專治礮以禦滿人，思宗崇禎二年（一六二九年），畢方濟（Francesco Sambiasi，1582～1649）上疏言改良槍砲，亦大蒙嘉賞。由於西洋傳教士所攜入之科學儀器，對當時之中國來講，無不新奇而有效，利其器與學，遂並利其人，信任其人而信任其所宣揚之宗教矣！

2.特殊傳教方法之奏效：沙勿略後，企圖傳教中國者，皆同遭敗績，此固由於中國的閉關態度，極端排外，但亦因教會所接觸對象特殊之故。蓋在中國，教會所面對的是一個文化業已高度發展，歷史遠比教會本身悠久的國家，因之「教會使用於任何（其他）教區的方法皆

不能適用於中國」⁴，因之在中國傳教勢必要採取一種特殊的方法－既能叩開中國關防，復能不與中國固有文化衝突－方能奏效。此種使用特殊方法的觀念首爲范禮安所了解，但於利瑪竇時才創其先河，終成爲叩啓中國教區之鑰。其特殊方法爲：

（1）致力於天儒之調和：中國是個文化高度發展的國家，自有一套傳統的思想型態，因之對於外來思想往往具有很強的排他性。利瑪竇有鑒於此，也了解唯有在不損害固有文化的條件下才能使中國人接受天主教信仰。因此當他知道儒家思想已根深蒂固於中國人之腦海時，即努力使天主教義不與儒家思想相背，更進而促使天主教教義與儒家傳統思想相符合，唯有如此，方能使天主教深入中國。於是他改著儒服，學習運用中國語言文字，研讀中國經史古籍，使自己變成道地的中國人。他宣稱中國古籍中所說的「天」和「上帝」，實與天主教所宣言的「天主」同一意義，都是指一位天地萬物的創造、主宰者；因此「天」就是「上帝」，就是「天主」，也就是拉丁文的「Deus」。在其所著「天主實義」中亦

4 參閱羅光主編，《天主教在華傳教史集》，台南：徵祥出版社，民國五十六年一月，頁一〇～一一。

言：「歷觀古書，而知上帝與天主，特異以名也。」此
外，對於中國的敬祖祭孔之禮，他認為無非出自親愛之
意，孝思之念，並不是崇拜偶像，亦不帶有迷信色彩。
因之順從中國固有風俗習慣，允許教徒祭孔敬祖，凡此
種種皆為利瑪竇從事天儒調和之努力。而此種「天主教
中國化」之政策，亦為利瑪竇以後之來華耶穌會傳教士
及入教的中國教徒所遵循，在彼等所著之書，如：古今
敬天鑒、天學本義、天儒印證、天儒異同考……等，無
非是在宣傳天儒之調和。如天儒同異考，分「天主教合
儒」，「天主教補儒」，「天主教超儒」等三篇，天儒
同異考謂：「天壤間是有真理，儒教已備，而猶有未盡
晰者，非得天主教以益之不可。」在「天主教合儒」篇
之序云：「西國諸儒，惟知事天主，與吾儒之理合，知
所本也。暇時取中國經書，同符天學者，集為一卷，而
以天主教合儒名之。」[5]。就在這種天儒調和的努力下，
乃使天主教教義與中國傳統儒家思想相適應，乃使天主
教思想移植進了中國，為中國社會所接受。

（2）以科學知識的傳授為傳教的手段：明末，中國
仍採閉關政策，極端排外，但中國的曆法及水利皆已失

5　同註二引書，第五冊，頁九四。

修，國家財用匱乏，沿海及東北亦屢告警，凡此均顯示中國正為迫切需要新科學、技術之時。而傳教士東來所帶的各種儀器以及火器砲術、採礦技能、曆算知識皆無不新奇實效，自然易為迫切需要新科學、新技術的中國所接受，於是傳教士乃能藉著西學，突破海禁，到達中國，更深入京師。再加上利瑪竇初入中國時，在其所上奏疏中並未言及傳教之事，僅說明「為貢獻方物」，只表示「在本國忝預科名，已叨祿位，天地圖及度數，深測其秘，制器觀象，考驗日晷，並與中國古法脗合；倘蒙皇上不棄疏微，令臣得盡其愚，披露於至尊之前，斯又區區之大願……」[6]；既不標榜傳教，僅以溝通學術為願，傳教士乃儼如學術飢荒之救濟者，深受中國上下之歡迎；於是自利瑪竇以後的傳教士，也就藉著宣揚西方學術，藉著所從事的科學活動，不僅進入了閉關的中國，更鞏固了自己在中國的地位，傳教工作因之得以尋機順利展開。

　　3.教士本身之素養深受尊重：每一位耶穌會士，均經過十餘年在神修學術上的訓練，學養極為豐富。十三

---

6 參閱蕭若瑟著，《天主教傳行中國考》，河北獻縣：勝世堂，民國十二年，頁一〇六。

世紀，唯實主義（即實驗主義）興起，奠定了近代歐洲科學思想的基礎。到了十五、六世紀，科學界名人輩出，如哥白尼（Copernicus, 1473～1543），雷翁拿多達芬奇（Leonardo Da Vinici 1452～1519），布拉尼泰科（Tycho Brahe, 1546～1601），刻卜勒（Kepler, 1571～1630）；十七世紀有伽利略（Galileo Galilei, 1564～1642），吉爾伯特（Dr. Glbert, 1540～1603），牛頓（Newton, 1642～1727），法蘭西斯培根（Francis Bacon, 1561～1626）等著名之科學家，整個歐洲已瀰漫於科學研究風氣之下。一六○三年，自然科學家楷西（Federico Cesi，1585～1630）和他的朋友們，在羅馬創立了一所靈采研究院（Accademiddei Lincei），把科學家們都招致為院士。這所研究院亦稱山貓學會，以山貓目光敏銳，象徵科學研究之精細入微之意。明末清初，耶穌會教士在我國以治曆著稱者為湯若望、羅雅谷（J. Rho, 1593～1638）及鄧玉函（J. Derrenz, 1576～1630）等三人，皆為靈采研究院早期之院士，亦在此與科學家伽利略等結交成為至友[7]。來華之傳教士，本身大多具備豐富之科學知識，且

---

7 參閱方豪著，「伽利略與科學輸入我國之關係」，《方豪六十自定稿》，台北：學生書局，民國五十八年十二月，頁六三○。

曾受過教會之嚴格訓練與薰陶，故素養極高。明史意大里亞傳云：「其國人東來者，大都聰明特達之士，意專行教，不求祿利，其所著書，多華人所未道，故一時好異者咸尚之。」他們入華後又多研習中國文字與經籍，對中國文化有深刻之認識與瞭解，學養極為豐富，人品極為高尚，故深得華人之信任。由於教士本身素養受人尊重，故天主教信仰之傳播乃更形容易。

4.傳教政策之成功：此種傳教政策為直叩宮庭，並先由士大夫及達官貴人著手，所謂「君子之德，風；小人之德，草；草上之風必偃」，知識分子和貴族階級皆信仰，則中、下層社會分子也易做效。利瑪竇初來，即知四處廣結權貴，使傳教事業獲得一般士大夫及縉紳之士的同情與合作，遂使傳教士一方面能以宗教、學術思想影響中國的政治中樞，以更進一步鞏固其在中國社會上的地位；另一方面，當教難之時，亦得士大夫等之為傳教極言護衛，乃使傳教事業持續不斷。茲將西洋傳教士與中國士大夫之交往情況略作說明：

根據方豪神父在「明末清初旅華西人與士大夫之晉接」一文中指出，當時來華西人，對我國語文及學術，研讀甚精，故能與士大夫周旋往來，其方法有三：

　　（1）方物之饋贈：此為當時西教士最常見的交際手段。所贈方物包括望遠鏡、鐘錶、西洋紙、西洋布、西洋酒、西洋畫、彩石、鼻煙、倭扇、珊瑚筆架、龍尾硯、龍腹竹杖、日晷、天文儀器、地圖與取水具。鐘錶與望遠鏡為初期教士分送中國地方官吏最多之禮物，畢方濟曾贈冒辟疆西洋夏布，據云：薄如蟬紗，潔比鮮艷，為董小宛製輕衫，不減張麗華桂宮霓裳也。湯若望喜以西洋酒為交友工具，利瑪竇則喜贈人西洋畫及地圖，凡中國所無之物，國人皆視為珍寶。

　　（2）簡牘之往還：有虞淳熙與利瑪竇往來書札、利瑪竇與鄒元標往來書札、艾儒略（Giulio Aleni，1582～1649）致林世芳書、南懷仁致顏光敏書、傅聖澤（Franciscus Foucquet，1665～1741）與王道化往來書札、趙進修（Franciscus Bourgeois，　～1792）與公大人（尚書公大人）書、陸若漢（Joannes Rodriguez）答李榮後書。觀此類書札，可窺見乾隆以前來華西人之漢文多措詞暢達，說理條順，而乾隆以後之來華西人之漢文程度則降落甚多，國勢之強弱，乃至影響外僑對當地文化尊重或鄙薄，令人不勝感慨！

　　（3）詩詞之題贈：

①贈利瑪竇者：明季文人以詩贈利瑪竇者，有李
　　贄、李日華、汪廷訥等人，李贄並為利瑪竇題
　　扇。

②贈艾儒略者：有池顯方、何喬遠等人。

③贈畢方濟者：有阮大鋮、鄭芝龍等人。

④贈湯若望者：有沈光裕、山疆等人。

⑤贈魯日滿（Franciscus de Rougemont，1624～
　　1676）者：有陳大年。大年稱魯君善奕能醫，
　　可見其多才多藝。

⑥贈南懷仁者：有田雯。

⑦贈劉松齡（A. de Hallerstein，1703～1774）者：
　　有趙翼、趙懷玉二人。

⑧閩中諸公贈詩：熙朝崇正集之「閩中諸公贈詩」
　　一書中，共收七十一人之詩，共八十四首，可
　　見當時閩中士大夫與西教士酬唱之盛。

　　西洋傳教士除與士大夫往還頻繁之外，尚與帝王保
持良好之關係。崇禎初年，湯若望、羅雅谷、龍華民
（Nicholas Longobardi，1559～1654）三人，可隨意出
入禁中，宮中且特設二教堂：一為宮女，一為太監，太
監由龐天壽、溥樂德倡導，受洗者凡四十餘人；湯若望

力勸思宗入教,乃有宮中撤佛像之舉。入清後,湯若望尤為世祖所敬服,尊為「瑪法」,滿語猶言父也。順治十三、十四(一六五六～一六五七)兩年間,皇帝曾二十四次親臨若望館舍,與之長談。

畢方濟則與南明三帝往還甚密。崇禎元年(一六二八年)方濟在開封,大受福恭王常洵之敬慕,不時召見。常洵,乃神宗第三子,福王由崧之父。及福王在南京繼位,亦召見方濟,贈以句曰:「誠於事天,端於修身,信義素孚,識解通達。」

唐王聿鍵,崇禎三年(一六三〇年)初與方濟晤於南陽,九年十一月廢為庶人,方濟為辯護,並與慰藉;弘光繼立,始赦出,遂又晤方濟,是年閏六月,擁立於福州,年號隆武;時方濟為福王求兵於澳門,唐王以書召之,方濟至福州,進修齊治平頌,十一月十八日,唐王賦詩答之,有引曰:「畢今梁,西域之逸民,中國之高士。」今梁乃方濟之字,可見唐王對其佩服之深。

由於此種自上而下的傳教政策奏效,故造成明末清初天主教的傳教盛況。

5.教士教徒之行為可嘉:天主教教士與教徒,平日大抵皆能安份守法且無不法事蹟,故深得教外人之信

心。康熙即曾面諭西洋人蘇霖（Jose Suarze，1656～1736）
等謂：「爾西洋人自利瑪竇到中國，二百餘年，並無貪
淫邪亂，無非修道，平安無事，未犯中國法度。」徐光
啟、李之藻、楊廷筠三人為明末中國天主教三大柱石，
其事教之誠，足以感動人心，尤當教難發生之時，勇於
護教的表率[8]，更足動人，亦使得傳教事業終能存延不斷。

6.注重刊印書籍：徐光啟之「辯學章疏」有提供試
驗西教士之法三，第一即為譯書：「乃擇內外臣僚數人，
同譯西來經傳。凡事天愛人之說，格物窮理之論，治國
平天下之術，下及曆算、醫藥、農田、水利等，興利除
害之事，一一成書。」又曰：「臣嘗與諸陪臣講究道理，
書多刊刻」，李之藻自序「寰有詮」曰：「忘年力之邁，
矢佐繙譯，誠不忍當吾世失之！」崇禎二年，編印了天
主教第一部叢書「天學初函」，計宗教與科學之書各半，
凡五十二卷。楊廷筠亦視刻書為急務，努力刊行聖教書
籍，廣傳聖教。由於教士教徒的努力翻譯，注意刊印書
籍，乃使宗教思想伴隨著學術思想廣為流傳，有助於傳
教事業的發展。有關於教士教徒的譯作，將於下章中述

---

8 參閱徐宗澤著，《中國天主教傳教史概論》，上海：聖教雜誌社，
　民國二十七年十一月，頁一九八。

及。

　　既有上述因素，乃造成明清之際，天主教之盛行於中國。

二、傳佈地區

　　一三六八年，明太祖朱元璋開國之後，便採閉關自守的政策，不准外國人進入中國。故自沙勿略起，雖有許多傳教士試圖傳教中國，卻都遭受挫敗。直到明末萬曆年間，耶穌會士利瑪竇到達中國，藉著特殊方法，才正式將中國牢閉的關防叩開，奠定了天主教在中國傳教的基礎。

　　在利瑪竇逝世時（一六一〇年），天主教已在中國植根。據黃伯祿「正教奉褒」統計，明季奉教者有數千人，其中宗室百有十四人，內官四十、顯宦十四、貢士十、舉子十一、秀士三百有奇。當時較有名望者有：

　　1.徐光啓（文定公）：上海人，官至禮部尚書，一六〇三年，在南京羅如望手領洗入教。

　　2.李之藻：杭州人，官至大僕卿，一六一〇年在北京利瑪竇手領洗入教。

　　3.楊廷筠：杭州人，官至少京兆，一六一一年，在

杭州郭居靜（Lazzaro Cattaneo，1560～1640）手領洗入教。

4.瞿太素：江蘇常熟人，曾勸利子服儒服，一六〇五年領洗於羅如望之手，聖名依納爵。

5.馮應京：安徽盱眙人，讀利子「天主實義」而受感。

6.李天經：河間吳橋人，進士仕京師，與徐文定公善，由其勸導入教。

7.張燾：李之藻之門生，與其師同受洗於利瑪竇，聖名彌額爾。

8.孫元化：嘉定人，與徐文定公善，一六二一年在北京領洗，聖名依納爵。

9.王徵：陝西涇陽人，官至布政司，聖名斐理伯。

10.韓霖：山西絳州人，與徐光啓善，在北京作官時得聞教領洗，聖名多默。

11.段袞：山西絳州人，亦在北京作官時奉教。

12.金聲：安徽休寧人，崇禎元年進士，與徐光啓善，領洗入教，其女亦奉教。

13.瞿式耜：江蘇常熟人，爲瞿太素之姪，萬曆進士，後因保明室而殉國。

14.張賡：福建晉邑人。[9]

當時已開教之地有：

1.肇慶府。利瑪竇、羅明堅（Michele Ruggieri，1543～1607）於一五八三年在此造一住院，曾寓居此院者，有利瑪竇、羅明堅、賈勃拉（Cabral）（澳門院長）、孟三德（Ed. de Sande，1547～1599）、黎安東（Ant.d' Almeida）五司鐸。

2.韶州府。利瑪竇於一五八九年在此城建立聖堂及住院，郭居靜於一五九四年到此城工作，到一六○七年韶州教友有八百左右。

3.南昌府。利子於一五九五年，以六十金買一小屋作教堂，一六○七年李瑪諾（Emmanual Dias Senior，1559～1639）又以百金買一較大之屋立堂，至一六○九年時有教友三、四百人。

4.南京。利子於一五九九年在南京建堂。

5.北京。利子於一六○五年以五百金購一屋建堂，即為南堂。

6.上海。於一六○七年徐光啓請郭居靜至上海開

9 同前引書，頁一八八～一九一。

教，郭公乃於一六〇八年至光啓家，旋即建堂開教，二年中，付洗二百人。

7.杭州。一六一一年李之藻請郭居靜同至杭州開教。[10]

台灣在當時亦有教士進入傳教。西班牙道明會（Dominicans）神父於萬曆四十七年（一六一九年），天啓六年（一六二六年），先後在台灣登陸傳教，至東北部海岸三貂角（Santiago），入基隆、淡水、宜蘭等地。西元一六二七年,荷蘭國基督教派喬治干抵柳（George Candidius，1597～1647）宣教士抵台灣，開始其傳教工作，爲時約三十餘年，前後有荷教士三十七人入台灣傳播基督教，曾建學校一座，最盛時有學生四百八十五名，學校教授目標爲問答，聖經[11]。

天主教教友之數，利瑪竇時（一六一〇年）約有二千五百人，一六一五年增至五千，一六一七年，有一萬三千，一六三六年，三萬八千二百，一六五〇年增至十

---

10 同前引書，頁一八八～一八九。

11 鄭成功治台至清朝統治中之二百年間，基督教在台灣未見活動，從前荷蘭人佔據中或有殘留教友，但信心冷淡，可謂沈寂了一段很長的時間，迨一八五九年，西班牙人才重來傳天主教，最先渡台者爲傳教士禮恩師博士，初在台南傳教，後漸漸北移，遍至全省。

參閱雷一鳴著，〈荷西入台傳教觀〉，台灣文獻，第六卷第四期，民國四十四年十二月，頁九三～九五。

五萬[12]。可見自利瑪竇逝世以至明末，天主教雖曾遭沈漼
興起之教難[13]，然仍在中國有極大之進展。

　　明代全國分十五省，天主教已傳達十三省（直隸、
山東、江南、浙江、福建、江西、廣東、廣西、四川、
湖廣、山西、陝西、河南），惟滇、貴二省未及。全國
耶穌會有二會長，管理教務，一六四〇年時，在華北有
傅汎濟爲會長，華北五省共有教士八位；華南地區，艾
儒略爲會長，華南六省約有教士十三位（廣東、廣西兩
省則歸澳門管理）。計明末有教士約二十四人，輔理修
士四人[14]。

　　當時教會之盛，教外人諸多記述。

　　萬曆四十五年（一六一七年）沈漼南宮署牘參遠夷
第二疏曰：

　　　　「每月自朔望外，又有房虛星昴四日爲期，每會

12　德禮賢著，《中國天主教傳教史》，台北：商務印書館，民國五十
　　七年六月，頁六七。
13　一六一五年，吏部侍郎沈漼蒞臨南京，他對傳統的儒教本極崇拜，
　　又對聖教素無好感，深恐天主教的道理與儒教不利，便決心使它在
　　中國境內絕跡。一六一六年，他向皇帝上書，奏請將所有的傳教士
　　及教徒處死，神宗信其言，終於下詔，命令將一切外國傳教士押解
　　廣州，以便遣返回國。
14　同註八引書，頁二一四。

少則五十人，多則兩百人。蹤跡如此，若使士大夫峻絕不與往還，猶未足為深慮；然而二十年來，潛往既久，結交亦廣，今且昔為故常；玩細娛而忘遠略，比比皆是。」

萬斯同之「明史新樂府」，有句曰：

「天主設教何妄怪，著書直欲欺愚昧，流入中華未百年，駸駸勢幾遍海內。」

一六六四年（康熙三年）時，全國教士共三十八位，耶穌會士二十六名，道明會士十一名，方濟各會（Franciscans）士一名[15]，教友已達十一萬四千二百名（據方豪神父重算為十六萬四千四百人），耶穌會會所二十，其時耶穌會士分隸於三大區：

1.華北：轄直隸，山東、山西、陝西、河南、四川；
2.中央：轄江南、浙江、福建、江西；
3.華南：轄兩廣及海南。

---

15 參閱燕鼐思（J.Jennes, C.I.C.M）著，田永正譯，《天主教中國教理講授史》，台北：華明書局，民國六十五年八月，頁三八。

華北、中央兩區屬中國省耶穌會，華南則由澳門耶穌會會長管理，澳門則屬日本省耶穌會。[16]

一六七〇年（康熙九年），全國各會（包括耶穌會、道明會、方濟各會）所屬教友統計為二十七萬三千七百八十人[17]。

一六九五年（康熙三十四年），在中國計有耶穌會士三十八人，道明會士九人，奧斯定會（Augustincans）士五人，巴黎外方傳教會（Paris Foreign Missions）士六人，方濟各會士十六人。

一七〇一年（康熙四十年），全國有耶穌會士五十九人，方濟各會士二十九人，道明會士八人，巴黎外方傳教會士十五人，奧斯定會士六人，全國共有聖堂會口等二百五十處[18]。全國教友大約有三十萬左右[19]。

然不幸的是，在康熙一朝有所謂的「禮儀問題」[20]發

16　同註二引書，頁一〇四～一〇五。

17　同註二引書，頁一〇一。

18　參閱顧保鵠著，《中國天主教史大事年表》，台中：光啟出版社，民國五十九年十二月，頁三六～三八。

19　參閱穆啟蒙著，侯景文譯，《天主教史》，台中，光啟出版社，民國五十五年二月，卷三，頁二五四。

20　所謂「禮儀問題」（The Rites Controversy），即教士對於創造主譯詞及祭孔祀祖問題之爭議，亦即教士們對於利瑪竇所定傳教路線之爭議。此項爭議在利瑪竇逝世後即告開始，至康熙朝最為激烈，甚至已演變為羅馬教廷與康熙帝間的衝突，已由單純的宗教問題演變

生，教廷二次派使來華皆和解失敗，於是在一七二〇年
（康熙五十九年），康熙帝下令禁教[21]，至雍正四年，
清廷更進一步的頒佈了禁教令，至此，天主教乃遭受嚴
重之打擊；一七六二年法國禁止耶穌會，一七七五年中
國耶穌會奉令正式解散，由遣使會（Lazarists）到北京
接管耶穌會士職務，然遣使會無法重振往日雄風，天主
教在中國從此一蹶不振。

為政治問題。
參閱羅光著，《教廷與中國使節史》，台中：光啟出版社，民國五
十年八月，頁八三～一四五。
21 參閱楊森富著，《中國基督教史》，台北：商務印書館，民國五十
七年六月，頁一三九。

肆、在華耶穌會士重要著作簡介

　　明末清初至中國傳教的西洋傳教士除了耶穌會外，尚包括有道明會，方濟各會，奧斯定會及巴黎外方傳教會的會士[1]。他們爲了傳播基督教於中國，對中國採取了妥協政策，（即前所謂「天主教中國化」之政策），其中之一即是用漢文著作，其主要對象是中國士大夫，而且他們的著作也是靠著士大夫的協助方完成的。在十六世紀以後，這些漢文著作，擔負了傳播文化的功能，西洋文化藉此輸入中國，中國的文化藝術也賴之傳入西方。

　　這些著作，內容方面，是以有關天主教的書籍爲主。其他尚包括西洋的天文、曆法、數學、地理、風俗以及哲學的書籍，據韓國梨花女子大學崔教授韶子之調查，

1　道明會於一六三一年，方濟各會於一六三三年，奧斯定會於一六八
　　〇年，巴黎外方傳教會於一六八三年開始進入中國傳教。
　　參閱王懷中著，《中西文化交流的序幕》，台北：德育書局，民國
　　六十四年一月，頁一四〇。

目前有關於這方面的書籍大約有四百一十多種，其中耶穌會士的著作佔了最大的比率。據其研究，到十八世紀為止，在中國活動的教士們大約有三百五十名，其中大部分（約三百一十多名）是耶穌會派來的教士，其他屬於道明會，奧斯定會，巴黎外方傳教會及遣使會等者共四十名左右。在三百五十多名當中，從事漢譯西書工作的教士們有七十至八十名，其中除了四、五名以外，都是耶穌會派來的教士，由此可見，參與漢譯西書工作的教士們，相當於四分之一或五分之一[2]。

　　根據王懷中教授依據多方面史料調查所得，認為自一五五一年（明世宗嘉靖三十年）至一七七三年（清高宗乾隆三十八年）的二百二十二年之間，先後來華傳教並有助於文化交流的西方教士，達一百四十人之多。茲將其中有所著述者，依據其到華年代之先後次序表列於下：

---

2 參閱崔韶子著，〈十七、十八世紀漢譯西學書的研究〉，《韓國文化研究院論叢》，第三十九輯，一九八一年。

原　名	華　名	國　籍	到華年代 卒年及地點	所譯著書名
Michael Ruggieri	羅明堅 （字復初）	意大利	明萬曆九年(一五八一)、明萬曆三十五年（一六〇七）、薩勒爾城。	天主聖教實錄（又名教理書，萬曆十二年刊印）。
Matthoeus Ricci	利瑪竇 （字西泰）	意大利	明萬曆十一年(一五八三)、明萬曆三十八年（一六一〇・五・十一）、北京。	天主實義、幾何原本、交友論、同文算指通篇、西國記法、勾股義、二十五言、圜容較義、畸人十篇、辨學遺牘、乾坤體義、經天該、奏疏、齋旨、測量法義、西字奇蹟、渾蓋通憲圖說、萬國輿圖、西琴曲意、畸人十規。
Eduardus da Sande	孟三德	葡萄牙	明萬曆十三年(一五八五)、明萬曆二十八年（一六〇〇・六・二十二）、澳門	長曆補注解惑、渾天儀說。
Joannes de Rocha	羅如望 （亦作羅儒望，字懷中）	葡萄牙	明萬曆十六年(一五八八)、明天啓三年（一六二三・三・二十三）、杭州。	天主聖教啓蒙、天主聖像略說。
Lazarus Cattaneo	郭居靜 （字仰鳳）	意大利	明萬曆二十二年(一五九四)、明崇禎十二年末（一六四〇・一・十九）、杭州。	性靈詣主、悔罪要旨。
Joannes Soerio	蘇如漢 （亦作蘇若望，字瞻清）	葡萄牙	明萬曆二十三年(一五九五)、明萬曆三十五年（一六〇七・八）、南昌。	聖教約言、漢文十誡
Nicolaus Longo-bardi	龍華民 （字精華）	意大利	明萬曆二十五年(一五九七)、清順治十一年（一六五四・十二・十一）、北京。	死說、念珠默想規程、聖人禱文、聖母德敘禱文、急救事宜、聖若瑟法行實、地震解、靈魂道體

原名	華　名	國　籍	到華年代 卒年及地點	所譯著書名
				說、答客難十條。
Did, de Pantoja	龐廸我 （字順陽）	西班牙	明萬曆二十七年（一五九九）、明萬曆四十六年（一六一八·一·一）、澳門。	耶穌苦難禱文、天主實義續編、龐子遺詮、七克大全、天神魔鬼說、人類原始、受難始末、辯揭、奏疏、四大洲地圖四輻。
Gaspard Ferreira	費奇觀 （字揆一）	葡萄牙	明萬曆三十二年（一六〇四）、清順治六年（一六四九·十二·二十七）、廣州。	振心諸經、周年主保聖人單、玫瑰經十五端。
Alphosus Vagnoni	高一志 （初名王豐肅，字則聖，又名王一元）	意大利	明萬曆三十三年（一六〇五）、明崇禎十三年（一六四〇·四·十九）、山西絳州。	則聖十篇、西學齊家、天主聖教聖人行實、四末輪、修身西學、譬學警語、勵學古言、寰宇始末、聖母行實、神鬼正紀、十慰、童幼教育、空際格致、西學治平、斐錄彙答、推驗正道論、聖教解略、達道紀言、終末之際甚利於進修。
Sabbathinus de Ursis	熊三拔 （字有綱）	意大利	明萬曆三十四年（一六〇六）、明泰昌元年（一六二〇·五·三）、澳門。	泰西水法（係口授，徐光啓譯寫）、表度說、簡平儀說。
Nicolaus Trigault	金尼閣 （字四表）	法蘭西	明萬曆三十八年（一六一〇）、明崇禎元年（一六二八·十一·十四）、杭州。	西儒耳目資、況義（伊索寓言選集，後香港英人增訂重刻，改名意拾諭言）、推曆年瞻禮法、基督教遠被中國記（譯利瑪竇原作爲西文者）。
Emmanuel Diaz	陽瑪諾	葡萄牙	明萬曆三十八年（一	聖經直解、天主聖教

原名	華　名	國　籍	到華年代 卒年及地點	所譯著書名
	（字演西）		六一〇）、清順治十六年（一六五九・三・一）、杭州。	十誡直詮、代疑論、景教碑詮、聖若瑟行實、聖若瑟禱文、天神禱文、經世金書、默想書考、避罪指南、天問略、袖珍日課。
Julius Aleni	艾儒略 （字思及）	意大利	明萬曆四十一年(一六一三)、清順治六年（一六四九・八・三）延平。	彌撒祭義、天主降生言行紀略、出像經解、耶穌言行紀略、性靈篇、景教碑頌、舊約創世紀、聖禮禱文、坤輿圖說、十五端圖像、熙朝崇正集、楊淇園行略、張彌克遺蹟、萬物真原、滌罪正規、三山論學紀、聖體要理、聖夢歌、聖教四字教文、悔罪要旨、幾何要法、口鐸日鈔、五十言餘、西方答問、西學凡、職方外紀、性學觕述、天主降生引義、大西利子西泰傳、大西利西泰先生行蹟、泰西思及艾先生行述、西海艾先生行略、泰西思及艾先生語錄。
Franciscus Sambiaso	畢方濟 （字今梁）	意大利	明萬曆四十一年(一六一三)、清順治六年(一六四九・一)、廣州。	睡答、畫答、（合刊本名睡畫二答）、靈言蠡勺、奏摺、皇帝御製詩、坤輿全圖。
Alvarus de Semedo	曾德昭 （初名謝務	葡萄牙	明萬曆四十一年(一六一三)、清順治十	字考（漢葡字彙）、中華帝國史。

原名	華　名	國　籍	到華年代 卒年及地點	所譯著書名
	祿字繼元）		五年（一六五八）、澳門。	
Jean（Joannes）Terrenz	鄧玉函（字涵玉）	日耳曼	明天啓元年（一六二一）、明崇禎三年（一六三〇·五·十一）、北京。	遠西奇器圖說（授王徵譯）、人身概說、測天約說、黃赤距度表、正球升度表、大測（以上四書皆崇禎曆書之一）、元中揆日訂訛、通率立成表。
Franciscus Furtado	傅汎濟（字體齋）	葡萄牙	明天啓元年（一六二一）、清順治十年（一六五三·十一·二十一）、澳門。	寰有詮、天主教要理、名理探（與李之藻同譯爲亞利斯多德哲學一部份）。
Rodericius de Figneredo	費樂德（字心銘）	葡萄牙	明天啓二年（一六二二）、明崇禎十五年（一六四二·十·九）、開封。	念經總牘、聖教源流、念經勸。
J. Adam Schall Von Bell	湯若望（字道味）	日耳曼	明天啓二年（一六二二·六·二十二）、清康熙五年（一六六六·八·十五）、北京。	崇禎曆書（預修）、進呈書像、主制群徵、主教緣起、真福訓詮、渾天儀說、古今交食考、西洋測日曆、學曆小辯、民曆補註解惑、新曆曉惑、大測、遠鏡說、星圖、恒星曆指、恒星出沒、恒星表、交食曆指、交食表、測食說、共譯各圖八線表、測天約說、奏疏、新法曆引、新法表異、曆法西傳、赤道南北兩動星圖、崇一堂日記隨筆、火攻挈要（一名則克錄）、艾儒略四字經要略。

原名	華　名	國　籍	到華年代卒年及地點	所譯著書名
Jacobus Rho	羅雅谷（字味韶）	意大利	明天啓四年（一六二四）、明崇禎十一年（一六三八‧四‧二六）、北京。	聖若瑟傳、楊淇園行蹟、天主經解、天主聖教啓蒙、齋克、哀矜行詮、求說、聖記百言、聖母經解、周歲警言、測量全義、比例規解、五緯表、五緯曆指、月離曆指、月離表、月纏曆指、日纏表、赤黃正球、籌算、曆引、日纏考、晝夜刻分。
Joannes Froez	伏若望（字定源）	葡萄牙	明天啓四年（一六二四）、明崇禎十一年（一六三八‧七‧二）、杭州。	五傷經禮規程、善終助功、苦難禱文、助善終經。
Andreas Rudomina	盧安德（字盤石）	利查尼（蕭書爲利陶宛）	明天啓六年（一六二六）、明崇禎五年（一六三二‧九‧五）、福州。	口鐸日抄、十八幅星圖、十幅勤怠圖。
Simon de Cunha	瞿西滿（字弗溢）	葡萄牙	明崇禎二年（一六二九）、清順治十七年（一六六〇‧九）、澳門。	經要直指。
Augustus Tudeschini	杜奧定（字公開）	意大利	明崇禎四年（一六三一）、明崇禎十六年（一六四三）、福州。	渡海苦蹟記、杜奧定先生東來渡海苦蹟。
Antonio de Santa Maria	馬奧圖（或作利奧圖、栗安當）	西班牙	明崇禎六年（一六三三）、清康熙八年（一六六九‧五‧三）、廣東。	正學鏐石。
Ignatius da Costa	郭納爵（字德旗）	葡萄牙	明崇禎七年（一六三四）、清康熙五年（一六六六）、廣東。	原染虧益、身後編、老人妙處、教要、燭俗迷篇。
Antonius de	何大化	葡萄牙	明崇禎九年（一六三	蒙引。

原名	華　名	國　籍	到華年代卒年及地點	所譯著書名
Gouvea	（字德川）		六）、清康熙十六年（一六七七・二・十四）、福州。	
Franciscus Brancati	潘國光（字用觀）	意大利	明崇禎十年(一六三七)、清康熙十年(一六七一・四・二十五)、上海。	十誡勸諭、聖體規儀、聖教四規、聖安德助、宗徒瞻禮、天階、瞻禮口鐸、天神會課、未來辨論。
Joao Monteiro	孟儒望（字士表）	葡萄牙	明崇禎十年(一六三七)、清順治五年(一六四八)、印度。	天學略義、天學辨敬錄、炤迷錄、聖號禱文。
Geronimo（Hieronymus）de Gravina	賈宜穆（字九章）	意大利	明崇禎十年(一六三七)、清康熙元年(一六六二・八・四)、常熟。	提正編、辨惑論。
Ludovicus Buglio	利類思（字再可）	意大利	明崇禎十年(一六三七)、清康熙二十三年(一六八四・十・六)、北京。	天主正教約徵、主教要旨、超性學要、獅子說、司鐸典要、靈性說、不得已辯、御覽西方要紀（與安文思、南懷仁合撰）、聖母小日課、已亡者日課經、聖教簡要、善終瘞瑩禮典、彌撒經典、日課概要、聖事禮典、安先生行述、天主聖體、三位一體、萬物原始、天神形物之造、靈魂、首人受造、昭祀經典、進呈鷹論。
Gabriel de Magalhaens	安文思（字景）	葡萄牙	明崇禎十三年(一六四〇)、清康熙十六(一六七七・五・六)、北京。	復活論。
Martinus Mart-	衛匡國	意大利	明崇禎十六年(一六	真主靈性理論、述友

原名	華　名	國　籍	到華年代卒年及地點	所譯著書名
ini	（字濟泰）		四三）、清順治十八年（一六六一）、杭州。	篇、中國上古史。
Nicolas Smogo-lenski	穆尼閣（字如德）	波蘭	清順治三年（一六四六）、清順治十三年（一六五六・九・十七）、肇慶。	天步真原、天學會通、人命比例、四源新表、比例對數表、天步真原選擇。
Michael Boym	卜彌格	波蘭	順治七年（一六五〇）、清順治十六年（一六五九・八・二二）、廣西。	明朝皇帝信仰天主的簡核報告、中國花草集、中國天主教要理（天主聖教約言）、中國醫藥概說。
Adrianus Greslon	聶仲遷（字若瑞）	法蘭西	清順治十一年（一六五四）、清康熙三十四年（一六九五・多）、贛州。	古聖行實。
Francisco Varo	萬濟谷（亦作萬濟國）		清順治十一年（一六五四）、未詳。	聖教明證。
Jacobus Motel	穆廸我（字惠吉）	法蘭西	清順治十四年（一六五七）、清康熙三十一年（一六九二・六・二）、武昌。	聖洗規儀、成修神務。
Franciscus de Rougemont	魯日滿（字謙受）	比利時（一作荷蘭）	清順治十六年（一六五九）、清康熙十五年（一六七六・二・四）、太倉。	要理六端、天主教聖教要理、問世編。
Giovani Andreas Lobelli	陸安德（字泰然）	意大利	清順治十六年（一六五九）、清康熙二十二年（一六八三）、澳門。	聖教略說、真福直指、善生福終正路、聖教問答、聖教撮言、聖教要理、默想大全、默想規矩、萬民四末圖。
Ferdinandus Verbiest	南懷仁（字敦伯）	比利時	清順治十六年（一六五九）、清康熙二十六年末（一六八八・	妄推吉凶辯、熙朝定案、驗氣圖說、坤輿圖說、告解原義、善

原名	華　名	國　籍	到華年代 卒年及地點	所譯著書名
			一・二十九）、北京。	惡報略說、教要序論、不得已辯、靈臺儀象志、儀象圖、康熙永年表、測驗紀略、坤輿全圖、簡平規總星圖、赤道南北星圖、妄占辯、預推紀驗、形性理推、光向異驗理推、理辯之引咎、目司總圖、理推各國說、御覽簡平新儀式用法、坤輿外紀、七奇圖說、進呈窮理學、盛京推算表、神武圖說。
Philippus Couplet	柏應理 （字信末）	比利時	清順治十六年（一六五九）、清康熙三十二年（一六九三・五・十六）、臥亞。	天主聖教永瞻禮單、天主聖教百問答、四末真論、聖坡而日亞行實、聖若瑟禱文、周歲聖人行略、聖教鐸音、西文四書直解、耶穌會士傳略。
Prosper Interceta	殷鐸澤 （字覺斯）		清順治十六年（一六五九）、清康熙三十五年（一六九六・十・三）、杭州。	耶穌會例、西文四書直解、泰西殷覺斯先生行述。
Christian Hendtricht	恩理格 （字性涵）	奧地利	清順治十七年（一六六〇）、清康熙二十三年（一六八四）、絳州。	文字考（未刻）。
Philippus maria Grimaldi	閔明我 （字德先，為道明會士）	意大利	清康熙八年（一六六九）到澳門、清康熙五十一年（一七一二・十一・八）、北京。	方星圖解。
Augustin de San Poscual	利安定	西班牙	清康熙九年（一六七〇）、清康熙三十四	永福天衢、天成人要集。

原名	華　名	國　籍	到華年代 卒年及地點	所譯著書名
			年（一六九五）、未詳。	
Thomas Pereyra	徐日昇 （字寅公）	葡萄牙	清康熙十一年（一六七二）、清康熙四十七年（一七〇八·二·二十四）、北京。	南先生行述、律呂正義續編（與意人德禮格合編）、康熙地圖。
Tedro（Pedoro）Pinuela	賓紐拉 （亦名石祿鐸）	墨西哥	清康熙十六年（一六七六）、清康熙四十三年（一七〇四·七·三十）、漳州。	初會問答、永暫定衡、大赦解答、默想神功、哀矜煉靈略說。
Gaspar Castner	龐嘉賓	日耳曼	清康熙十八年（一六七九）、清康熙四十八年（一七〇九·二·九）、北京。	
Alare Benevente	白亞維	西班牙	清康熙十九年（一六八〇），未詳。	要經略解。
Jose Suarez	蘇霖	葡萄牙	清康熙十九年（一六八〇）、清乾隆元年（一七三六）、北京。	聖母領報會、中國傳道書簡（拉丁文）。
Basillio Brollo	葉宗賢	意大利	清康熙二十三年（一六八四）、清康熙四十三年（一七〇四·七·十六）、西安。	宗元直指。
Emmanuel（Mannel）de San Juan Bautista（Bapt）	利安寧	西班牙	清康熙二十四年（一六八五）、清康熙四十九年（一七一〇·三·十）、北京。	破迷集、聖文都竦、聖母日課。
Joan Franciscus Gerbillon	張誠 （字實齋）	法蘭西	清康熙二十六年（一六八七）、清康熙四十六年（一七〇七）、未詳。	幾何、三角、天文等書、哲學要略（用以教授康熙帝者）、滿文字典、韃靼紀行。
Joames de Fontaney	洪若翰 （字時登）	法蘭西	清康熙二十六年（一六八七）到寧波、清康熙四十九年（一七一〇）、法國。	天文曆算書甚多，不及備載。

原名	華　名	國　籍	到華年代 卒年及地點	所譯著書名
Aloysius Le Comte	李明 （字復初）	法蘭西	清康熙二十六年（一六八七）到寧波、清雍正六年（一七二八）、法國。	法文譯著甚多，最著者有中國現狀追憶錄及中國禮儀論（此二書對歐洲華化之影響甚大）等。
Franciscus Noel	衛方濟	比利時	清康熙二十六年（一六八七）、清雍正七年（一七二九・九・七）、Lllie。	人罪至重。
Joach Bouvet	白晉 （亦作白進，字明遠）	法蘭西	清康熙二十六年（一六八七）、清雍正八年（一七三〇）、北京。	天學本義、古今敬天鑑、康熙地圖、康熙帝傳。
Mgr Clauds de Visdelou（Visdelorc）	劉應 （字聞聲）	法蘭西	康熙二十六年（一六八七）到北京、乾隆二年（一七三七）、印度。	韃靼史。
Dominicus Parrenin	巴多明 （字克安）	法蘭西	清康熙二十八年（一六八九）、清乾隆六年（一七四一・九・二）、北京。	濟美篇（聖類思公撒格本傳）、德行譜（聖達尼老各斯加本傳）。
Diego de Pantoza（Hortis Ortiz）	白多瑪	西班牙	清康熙三十四年（一六九五）、未詳。	聖教功要、四絡略意。
Joannes Laureati	利國安	意大利	清康熙三十六年（一六九七）到陝西、清雍正五年（一七二七）、澳門。	煉靈通功經。
Joan-Bapt Regis	雷孝思 （字永維）	法蘭西	清康熙三十七年（一六九八）到北京、清乾隆三年（一七三八）、北京。	中國皇輿全圖。
Joseph-Maria De Premare	馬若瑟 （號溫古子）	法蘭西	清康熙三十七年（一六九八）、清乾隆三年（一七三八・九・十七）、澳門。	聖若瑟傳、楊淇園行蹟、信經直解、真神說論、神明為主、儒交信、經傳議論、六

原名	華　名	國　籍	到華年代 卒年及地點	所譯著書名
				書析義（譯法文）。
Franciscus- Xaverius d' Entrecolles	殷弘緒 （字繼宗）	法蘭西	清康熙三十七年（一 六九八）、清乾隆六 年（一七四一）、未 詳。	主經體味、逆耳忠 言，莫居凶惡勸、訓 慰神編（即多俾亞 傳）、人參考、駁回 教、中華風俗志（三 書未刻）。
Joannes Duarte	聶若望	葡萄牙	清康熙三十九年（一 七〇〇）、未詳。	八天避靜神書、十誡 略說（抄本）。
Jul-Placidus Hervieu	赫蒼璧 （字儒良）	法蘭西	清康熙四十年（一七 〇一）到廣州、清乾 隆 十 年 （ 一 七 四 五）、澳門。	詩經選篇譯本、古文 淵鑑譯本、劉向列女 傳譯本、圖註脈訣辨 真譯本、古今敬天鑑 譯本。
Petrus（Rerre） Jartoux	杜德美	法蘭西	清康熙四十年（一七 〇一）、清康熙五十 九年（一七二〇）、 北京。	康熙地圖、周經密 率、求正弦正矢捷 法、割圓密率捷法。
Emericus de Chavagnac	沙守信 （亦作沙守 真）	法蘭西	清康熙四十一年（一 七〇二）、清康熙五 十六年（一七一七・ 九・十四）、饒州。	真道自證。
Jos-Fr. Moyriac de Mailla	馮秉正 （字端友）	法蘭西	清康熙四十二年（一 七〇三）、清乾隆十 三年（一七四八・ 六・二十八）、北京。	明來集說、聖心規 程、聖禮仁愛經規 條、聖經廣益、盛世 芻蕘、聖年廣益、避 靜彙鈔、法譯通鑑綱 目。
Tellez Monoel	德瑪諾	葡萄牙	清康熙四十三年（一 七〇四）、清雍正十 一年（一七三三）、 饒州。	顯相十五端玫瑰經。
Xayier Fridelli	費隱 （字存誠）	法蘭西	清康熙四十四年（一 七〇五・八・八）、 清乾隆八年（一七四 三・六・四）、北京。	與白晉、馮秉正等共 作：皇輿全覽圖。
Romanus	雷瑪諾	法蘭西	清康熙四十六年（一	與彌撒功程、康熙地

原名	華　名	國　籍	到華年代 卒年及地點	所譯著書名
Hinderer			七〇七）、清乾隆九年（一七四四・八・四）、常熟。	圖。
Andreas Pereixa	徐懋德 （字卓賢）	葡萄牙	清康熙五十五年（一七一六）、清乾隆八年（一七四三）、北京。	助修曆象考成後編。
Ignatius Kogler	戴進賢 （字嘉賓）	日耳曼	清康熙五十五年（一七一六）、清乾隆十一年（一七四六・三・二十九）、北京。	曆象考成後編、儀象考成、璣衡撫辰儀記、地球圖、月離表、日纏表、策算、睿鑒錄、黃道總星圖。
Carolus Slaviszek	嚴家樂	奧地利	清康熙五十五年（一七一六）到北京、未詳。	測北極出地簡法。
Antonius Goubil	宋君榮 （字奇英）	法蘭西	清康熙六十一年（一七二二）、清乾隆二十四年（一七五九）。	從詩經書經上之天文曆算譯成中國天文史、法譯並註詩經書經易經禮記、法文成吉思汗及蒙古史、其他譯著甚多，不及備載。
Alexander de La Charme	孫璋 （字玉峰）	法蘭西	清雍正六年（一七二八）到北京、清乾隆三十二年（一七六七・七・二八）、北京。	性理真詮、甲子會記（注釋薛應旂原著）、華法文對照字典、華法滿蒙文對照字典。
Florianus Bahr	魏繼晉 （字善修）	日耳曼	清雍正六年（一七二八）、清乾隆三十六年（一七七一）、北京。	聖若望皋玻穆傳、聖詠續解。
Augustin Von Hallerstein	劉松齡 （字喬年）	日耳曼	乾隆三年（一七三八・九・四）、乾隆三十九年（一七七四・十・二十九）、	助修曆象考成後編。

原名	華　名	國　籍	到華年代 卒年及地點	所譯著書名
			北京。	
Felix da Rocha	傅作霖（又名利斯）	葡萄牙	清乾隆三年(一七三八)、清乾隆四十六年（一七八一・五・二十二）、北京。	曾參加「皇朝中外壹統輿圖」之測量及繪製工作。
Michael Benoist	蔣友仁（字德翊）	法蘭西	清乾隆九年(一七四四)到澳門、清乾隆三十九年（一七七四・十・二十三）、北京。	世界全圖、中國全國輿圖、新製渾天圖說、坤輿圖說（何國宗、錢大昕助譯）。
Joan-Joseph Maria Amiot	錢德明	法蘭西	清乾隆十五年(一七五〇)、清乾隆五十八年（一七九三）、北京。	滿蒙文法滿法字典、漢滿蒙藏法五國文字字彙、中國歷代帝王紀年表、紀年略史、孔子傳、四賢略傳、列代名賢傳、古今音樂編，孫吳司馬穰苴兵法、中國古代宗教舞蹈、中國學說列代典籍。
Andreas Rodrignes	安國寧（字永康）	葡萄牙	清乾隆二十四年(一七五九)到北京、清嘉慶元年（一七九六・十二・二）、北京。	崇修精蘊。
J.F.Marie Dieudonne d'Ollieres	方守義（又名方雅各）	未詳	清乾隆二十四年(一七五九・七・二十五)、清乾隆四十五年（一七八〇・十二・二十四）、北京。	聖事要理。
Louis de Poirot	賀清泰	法蘭西	清乾隆三十五年(一七七〇)、清嘉慶十九年（一八一四）、北京。	古新聖經。

原名	華　名	國　籍	到華年代 卒年及地點	所譯著書名
Antoine Thomas	安多	比利時	清康熙二十四年(一 六八五)、清康熙四 十八年（一七〇 九）、北京。	有西文著作多種。
B.Kilian Stumpf	紀利安	德國	未詳。	康熙五十二年（一七 一三）製地平經緯儀。
未詳	瑪吉士	葡萄牙	未詳。	外國地理備考、地球 總論。

本表係依據王懷中「明清之際來華耶穌會士姓名及著述一覽表」刪定而來[3]。

　　以上所列九十一人，其中以利瑪竇、龍華民（一五五九～一六五四）、龐迪我（一五七一～一六一八）、高一志（一五六六～一六四〇）、熊三拔（一五七五～一六二〇）、金尼閣（一五七七～一六二八）、陽瑪諾（一五七四～一六五九）、艾儒略（一五八二～一六四九）、鄧玉函（一五七六～一六三〇）、湯若望（一五九一～一六六六）、羅雅谷（一五九三～一六三八）、穆尼閣（一六一一～一六五六）、卜彌格（一六一二～一六五九）、南懷仁（一六二三～一六八八）[4]等人著作

3　同註一引書，頁四四～七六。
4　此為輔助湯若望之南懷仁，亦有二位傳教士與其同名，一為一七七
　　三年在中國最著名的耶穌會士南懷仁主教（Mssr. Gottfried von
　　Laimbeckhoven, 1707-1787）；一為聖母無玷聖心會的創立人南懷

較多，對中西文化交流的貢獻亦較大。

（Theophile Verbiest, 1823-1868）。

伍、西學輸入對中國之貢獻與影響

　　明季最早來華的天主教傳教士，槪屬耶穌會士。耶穌會士自利瑪竇以下，爲博取中國士大夫的同情與合作，以學術爲傳道的媒介；他們兼通中西學術，於「專意行教」之餘，譯介西書，將其所習知西方學術輸入中國。關於教士們的譯書，上一章曾列表敘述。就他們所輸入西學的內容而言可大致分爲自然科學與人文科學兩方面；就類目以及對中國文化影響之程度而言，以西方天文學、數學爲首要，其次爲物理工程學、輿地學，再次爲生物醫學、採礦礦術、神學哲學、藝術、教育及語言文字，茲依次分別析述於下：

一、歐洲自然科學之輸入

　　由傳教士所攜入之歐洲自然科學包括曆算學、物理工程學、輿地學、生物醫學及採礦礦術，此均爲國人所未見、未知，故能引起知識分子的好奇，進而加以仿效學習。

（一）天文學數學（曆算學）

1.天文學

西學的輸入，影響中國學術界最深的是天文曆算之學。明季耶穌會士來華，首先將西方有關天文曆象的新觀念與新學說輸入中國。第一個到達中國傳教的耶穌會士利瑪竇，少時曾研習天文學及數學，進入中國後著有「乾坤體儀」一書，上卷言天象，說明日月蝕是由於日月和地球相掩所致，另說明七曜與地體的比例。又著「經天該」，將當時西方已測知的諸星球，編爲歌訣，以便觀象者記誦。後又與李之藻合譯「渾蓋通憲圖說」，這是國人第一部介紹西洋天文學的書。

羅雅谷撰「五緯曆指」，在卷一總論中介紹伽利略之地球自轉說：

「問宗動天之行若何？曰：『其說有二：或曰宗動天非日一周天，左旋於地內絜諸天與俱西也。今在地面以上，見諸星左行，亦非星之本行，蓋星無晝夜，一周之行而地及氣火通爲一球，自西徂東，曰一周耳。』」。

　　至於哥白尼之地動說，則至乾隆年間始正式輸入我國。[1]

　　湯若望於崇禎十三年（一六○四年）撰「曆法西傳」，介紹伽利略木星有衛星之新學說：

　　　「有伽利勒阿於三十年前創有新圖，發千古星學
　　　之所未發，著書一部。自後名賢繼起，著作轉多，
　　　乃知木星旁有小星四，其行甚疾，土星旁亦有小
　　　星二，金星有上下弦等象，皆前此所未聞。」

　　另伽利略發現小星構成銀河之說在一六四三年傳入中國。湯若望於其「新法表異」中謂：

　　　「天漢昔稱雲漢，疑為白氣者，非也。新法測以
　　　遠鏡，始知是無算小星攢聚成形，即積尸氣等亦
　　　然，足破從前謬解。」

　　國人方以智撰「物理小識」，亦曰：

1 參閱張蔭麟著，〈明清之際西學輸入中國考略〉，《中國近代史論叢》，第一輯第二冊，台北：正中書局，民國四十五年十二月，頁一二。

「以遠鏡細測天漢皆細星，如郎位鬼尸之類。」
按天漢即天河也。[2]

　　鄧玉函亦作天文書，以關於測驗日月蝕者爲多，如
「大測」，「測天約說」，「黃赤道距度表」，皆在其
卒後，由徐光啓進呈。

　　熊三拔於萬曆三十九年（一六一一年）著「簡平儀
說」，四十二年（一六一四年）又著「表度說」，說明
立表取日影，以知時刻節氣之書。陽瑪諾於四十三年著
「天問略」，對於「諸天重數，七政部位，太陽節氣，
晝夜永短，交食本原，地形粗細，蒙氣映差，蒙映留光」，
都設爲問答，反覆說明其義。

　　天文爲授曆的要務，中國古時已極爲重視。明代所
用大統曆，原係元郭守敬的「授時曆」之舊，沿襲舊規，
不知修正，故屢生時差。西士東來之後，就注意及此。
當時學者如徐光啓、李之藻、周子愚等都與利瑪竇交往，
跟他學習西方曆算之學。萬曆三十八年（一六一○年）

2 參閱方豪著，《中西交通史》，台北：中華文化出版事業社，民國
　四十三年，第四冊，頁三三～三四。

十一月朔，日食，欽天監預推不驗，於是五官正周子愚
上疏修曆，萬曆四十一年李之藻亦上疏乞開館局，然朝
廷以庶務因循，無暇開局。

　　崇禎二年（一六二九年）五月初一，日食，以大統、
回回曆推測都誤，徐光啓依西洋曆預推而驗，監官與禮
部再上疏乞開局，徐光啓於七月二十六日上疏陳修曆大
綱十事，用人三事，請造急用儀器十種，度數旁通十事，
共三十三條。九月十五日，光啓領到開設曆局勅書，遂
於二十二日正式開局。舉用傳教士龍華民、鄧玉函參與
修曆。崇禎三年（一六三〇年），鄧玉函病故，徐光啓
再推舉西士湯若望及羅雅各二人。至崇禎四年（一六三
一年）正月二十八日，首次進呈曆書二十三卷及總目一
卷。同年八月初一，再進呈二十卷，次年四月初四，第
三次進呈三十卷。崇禎六年（一六三三年）十月，光啓
病逝，李天經繼任督修曆法。七年七月十九日進呈曆書
二十九卷，同年十一月再進呈三十二卷。以上五次進呈
之曆書，共計一百三十七卷，是所謂「崇禎曆書」[3]。這
部「崇禎曆書」非常重要，把當時西洋的天文曆法學說

---

3 參閱徐宗澤著，《明清間耶穌會士譯著提要》，台北：中華書局，
　民國四十七年三月，頁二四四。

大多介紹了過來，奠定了我國此後數百年的曆政。

新法未及實施，明亡。順治元年（一六四四年）八月朔，日食，西洋新法經驗得無誤，密合天行，上乃下旨行用新法，命湯若望掌欽天監。順治十七年（一六六〇年），南懷仁奉召來京，纂修曆法。那時西教士因精於曆法，益得政府之信任，但也愈引起舊派曆官的妒忌，因此順治駕崩不久，就有排教復曆的風波。直至康熙八年（一六六九年），舊法屢次推測均與天行不合，而南懷仁等測驗之新法逐款皆符，帝乃信用新法，罷除楊光先等舊派人物，從此新舊之爭方結束[4]。康熙帝又召安多、閔明我、紀利安、巴多明、戴進賢等佐理曆政，更於康熙五十二年（一七一三年），命諸臣編纂「律曆淵源」一書，此書至雍正元年始成。雍正時以徐懋德任欽天監監副，戴進賢為監正，乾隆時以劉松齡、戴進賢、鮑友管（Antoine Gogeisl，1701～1771）、高慎思（Joseph d'Espinha，1722～1788）、安國寧、索德超（d'Almida joseph-Bernard）、湯士選（Alexander Gouvea，1751～1808）等人擔任欽天監監副或監正職位。嘉慶年間，福

4　參閱黃伯祿編，《正教奉褒》，上海：土山灣印書館，光緒二十年，頁四八。

文高（Domingos Joaquim Ferreira，1758～1824）、李拱辰（Joseph Nunez Ribeiro，1767～1826）任監副，後福文高補監正並兼理算學館事務。道光年間，畢學源（Gaietano Pires-Pireira，1763～1838）任欽天監監副、李拱辰補監正，兼管算學館，後高守謙（Verissimo Monteiro da Serra，　～1852）奉旨授欽天監監正，至道光十七年（一八三七年），因病告假回西。此後欽天監內再無任職的西士了。

由上可知，自明崇禎二年（一六二九年）徐光啓設曆局之初，即推薦西洋傳教士龍華民、鄧玉函入局修曆以來，至清道光十七年（一八三七年），二百餘年間，西洋教士在欽天監常任修曆製器著譯等重要工作，甚至自清朝伊始，監正、監副等職，幾乎常由教士擔任，也可見西士對我國天文曆法方面貢獻的重大及影響的深遠了。

關於西洋天文儀器的輸入亦始自利瑪竇，而後其他教士亦有攜來者。利瑪竇曾製渾天儀、天球儀、地球儀以示於人。徐光啓於崇禎二年（一六二九年）已有製造天文儀器的請求。崇禎七年，湯若望自製的第一架望遠鏡成功，思宗獎勉有加，惜不久之後，李自成陷北京即

全部毀壞。康熙八年（一六六九年），帝命南懷仁、徐日昇等將李自成所毀的測天儀器重新製造。康熙十三年時，先後製成天體儀、黃道經緯儀、地平經儀、地平緯儀等器。此後逐漸製造者，有地平平面日晷儀、簡平儀、三辰簡平地平合璧儀、地平經緯儀、星晷儀、四游表半圓儀、方矩象限儀、三辰公晷儀、看朔望入交儀、六合驗時儀、方月晷儀、璣衡食儀等。

2.數　學

　　利瑪竇所著「乾坤體儀」下卷，是有關數學的典籍，其言數學：「以邊線、面積、平圓互相容較」，這是西方數學輸入中國之始。利瑪竇到北京後，與徐光啓、李之藻等輩翻譯西籍，其最先著手的即是數學方面的書籍。

　　①幾何學－最先譯成中文的數學書是歐几里得（Euclid, 330-275 B.C）的「幾何原本」，書成於萬曆三十五年（一六○七年）。由利瑪竇口授，徐光啓筆述[5]。該書對於三角、方圓、邊線、面積、比例的變化相生之義，無不曲折盡顯，纖微畢露，堪稱當時最完備的平面

5　歐几里得原書十三卷，徐光啟譯六卷，其餘七卷待清季之李善蘭方
　　譯成。
　　參閱陳登原原著，《中國文化史》，台北：世界書局，民國三十六年
　　二月，頁二○五。

幾何學，「四庫題要」稱之爲「西學的弁冕」[6]，其受清
代學者的重視可知。同年，徐光啓又從利氏譯「測量法
義」，應用幾何原理，說明測望高深廣遠的方法；李之
藻從利氏譯「圜容較義」，專論圓的內接、外接形，引
伸「幾何原本」之義。又意人羅雅谷與徐光啓合撰「測
量全義」，摘譯阿基米德（Archimedes 287～212 B.C）
「圓之約數」（The measure of The Circle）中圓周率的
計算及「球體與圓柱體」（The Sphere and The Cylinder）
中的要題，其計算圓周率至二十一位之多，均屬於幾何
學的範圍。

　　②算術－李之藻從利氏譯「同文算指」十卷，萬曆
四十一年（一六一三年）成書，所述比例、級數等，皆
前此中土所未聞。

　　③三角術－崇禎四年（一六三一年），徐光啓將湯
若望所著「割圓八線表」及「大測」二書進呈明思宗，
前者講平面三角，後者講弧三角，是爲角術輸入之始，
清初「曆象考成」[7]中，對三角術有詳細的說明。

　　④對數術－順治七年（一六五三年），穆尼閣居南

6　四庫題要，卷一〇七。
7　爲康熙一代，御定之天文書之一，另一部爲萬年書（亦稱康熙永年
　曆）。

京，授薛鳳祚譯「天步真原」，以加減代乘除，折半代開方，是爲西方對數術輸入之始。

　　⑤代數－康熙末年，西士供職內廷，始輸入代數之術，當時稱爲「借根方程」或「阿爾熱八達」（Algebra 的音譯）。清聖祖命諸臣所纂「律曆淵源」中有「數理精蘊」一書[8]，於借方根比例一部，曾述及一、二。此書將明末以來耶穌會士所傳入的代數、三角、幾何等算法，包羅盡致，可說是集前此所輸入西方數學之大成。不過當時西方已有符號的代數（Symbolic algebra）與四次方程式的解法，而「數理精蘊」所述，卻僅止於二次方程式之計算及其應用而已。

（二）物理工程學

1.光　學

　　明天啓六年（一六二六年），湯若望撰「遠鏡說」一書，這是西方光學輸入中國的開始。全書僅十六頁，

8　爲康熙六十年編定之「律曆淵源」之第三部（曆象考成爲第一部），計五十三卷，分上下兩編。上編五卷，曰數理本原、河圖、洛書、周髀經解、幾何原本；下編四十卷，區分爲首部、線部、面部、體部；又表八卷，再分爲八線表、對數表、對數闡微表、八線對數表，於中西算學，無所不賅。
　　參閱王萍著，《西方曆算學之輸入》，台北：中央研究院近代史研究所，民國五十五年八月，頁七三。

首言遠鏡的用法，中言原理，末言製法，舉凡光在水中的屈折、光經過望遠鏡的屈折、凹鏡散光、凸鏡聚光與凹凸鏡相合而放大物像諸現象及其解釋，均一一加以詳細的說明。

2.水利學

萬曆四十四年（一六一六年），李之藻從熊三拔譯「泰西水法」六卷，此書記述取水，蓄水等力學機械的運動用法。徐光啓著「農政全書」，水利部分全錄用此書[9]。熊三拔且曾親自裝置水壓機成功[10]。

3.機械工程學

天啓七年（一六二七年），王徵從鄧玉函撰「遠西奇器圖說」，書中首言重心和比重的原理，次述槓桿、滑輪和輪軸斜面的原理，並附例證，最後說明應用的原理，並論及起重、引重、轉重、取水和以水力代替人力的器械。此爲我國第一部機械工程學的書籍。此書並記載有伽利略所發明之槓桿、滑車、螺旋及其用法[11]。王

9　參閱方豪著，〈明清間西洋機械工程學物理學與火器學入華考略〉，《方豪六十自定稿》，台北：學生書局，民國五十八年，頁二九三～二九四。

10　賴詒恩著，陶爲翼譯，《耶穌會士在中國》，台中：光啓出版社，民國五十四年二月，頁三八。

11　參閱方豪著，〈伽利略與科學輸入我國之關係〉，《方豪六十自定稿》，台北：學生書局，民國五十八年，頁六六。

徵又以其個人所發明（有完全出於彼之發明，有根據西洋學院而改造成仿造者），著「新製諸器圖說」，凡九器、虹吸、鶴飲、輪激、風磴、自行磨、自行車、輪壺、代耕、連弩，後又增入二十四器[12]。

崇禎十四年（一六四一年），桐城人方以智撰「物理小識」十二卷，皆採用西說。

清初，耶穌會士供職內廷，多有從事西洋輸入的鐘錶及自動機器之修造者。至嘉慶十四年（一八〇九年），方有國人第一部關於鐘錶之著作出現，即徐朝俊之「中星表」。此外，尚有教士南懷仁之燃氣輪試驗，其利用蒸汽爲行車之原動力，較司蒂芬生（Stephenson）之火車早一百五十年之久。[13]

（三）輿地學

1.地理學的輸入

利瑪竇來華時，初居肇慶，將其攜來之世界地圖懸掛於會所的客廳內，這大約是一種在一五七〇年，由奧

12　同註九引文，頁二九一～二九三。
13　同前引文，頁二九四～三〇一。

德利勿斯（Ortelius）刊行的地圖[14]。對往來的人們講解，並將之翻譯成中文，粵省官員代為刊印，分送各省友好，大家皆視為珍品，不久逐流傳於全國。而國人亦至此方知地圓與五洲之說。及利氏入京，所貢方物中，有萬國輿圖一幅，其自言「萬國圖誌」，不僅有圖，更有說明。在萬曆十五年（一五八二年）又參考中國圖籍，繪成中國地圖。

　　嗣後西班牙人龐廸我奉命翻譯西刻地圖，並據其見聞著成「圖說」，然書未上即遭驅逐，後艾儒略得其遺稿，更採取他自己所輯的「方域梗概」加以增補，而成「職方外紀」五卷（一六二三年書成）。書中對於西方各國的情形，描述頗詳，舉凡出產、風俗、飲食、屋宇、工業、車馬、教育、圖書館、宗教、慈善事業、賦稅、訴訟、兵制等無不述及。艾氏又有「西方答問」一書，共二卷，刻於崇禎十年（一六三七年）。至康熙七年（一六六八年），利類思、安文思與南懷仁三人，因聖祖問西洋風土國俗，乃節錄「西方答問」，撰成「御覽西方要紀」，其書流傳頗廣。康熙十三年（一六七四年），

---

14 參閱裴化行著，蕭濬華譯，《天主教十六世紀在華傳教誌》，台北：商務印書館，民國五十三年二月，頁二七七～二七八。

南懷仁著「坤輿全圖」及「坤輿圖說」二卷，介紹世界
地理知識。乾隆二十六年，法蘭西人蔣友仁來華，增補
坤輿全圖，又譯「圖說」，進一步引介西方有關天文、
地理的新學說。

　　以上皆爲明末清初所傳入之西方地理學。地理學輸
入中國後，確曾產生若干的影響，因此而激發國人對世
界地理及本國地理的研究興趣，在此時期，國人有關海
內外地理的著作不斷出現，其中最著名者乃爲康熙四十
六年（一七〇七年）隨傳教士艾遜爵，即艾若瑟（Antomo
Francesco Giuseppe Prouana，1662～1720）（Jos. Ant.
Provana）赴歐而於五十九年單獨返國的耶穌會士樊守義
（字利如，山西平陽人，1682～1753）所著之「身見錄」，
此爲國人所撰之第一部歐洲遊記。當時遠遊他鄉者亦不
乏其人，如「東西洋考」的作者張燮（福建龍溪人，1574
～1640），「名山藏」的作者何喬遠（福建晉江人，1558
～1632），「徐霞客遊記」的作者徐霞客（江蘇江陰人，
1586～1641），皆與來華傳教士有相當的關係，均受西
洋科學的影響。

　　然當時的中國人，思想觀念較爲保守，除少數人外，
一般的人對於新傳入的西洋地理學未能完全欣賞接受，

反而認為五大洲之說，語涉狂誕，所以終清之世，地理學未能有新的進展，實為遺憾！

2.全國地圖的測繪

　　測繪地圖，為中國地理學史及文化史上一件值得記述的大事，同時也是世界地理學史上的一件大事。這事可說完全出於西洋教士之手。

　　康熙二十七年（一六八八年），中俄為議定尼布楚條約而作外交談判時，擔任譯員的法籍教士張誠，曾以亞洲地圖進呈清聖祖，說明中國對滿洲地理知識的缺乏，極為康熙帝所重視，其後乃有全國地圖的測繪。康熙三十年（一九六一年），聖祖巡幸多倫諾爾；三十五年（一六九六年）親征準噶爾；三十六年（一六九七年）巡遊張家口、大同、寧夏；三十八年（一六九九年）巡幸江南，皆由張誠與徐日昇二位教士陪駕，進講西洋科學並隨地測定經緯度數。在四十七年（一七〇八年），命雷孝思、白晉、杜德美測繪萬里長城之位置。次年，加入費隱測繪滿洲西部及北直隸各地。康熙四十九年（一七一〇年），測繪北滿。五十年（一七一一年）雷孝思與新抵中國之麥大成（Joannes Fr. Cardoso，1676～1723）測繪山東；杜德美、費隱、白晉及山遙瞻（Guillaume,

Bonjour）等測繪長城之西部，直至哈密。五十一年（一七一二年），命麥大成測繪山西、陝西等五省圖，由湯尚賢（Pierre Vincent de Tartre，1669～1723）協助。馮秉正與德瑪諾、雷孝思測繪河南、浙江及福建等各省地圖。五十二年（一七一三年）命費隱與山遙瞻測繪四川、雲南兩省圖；麥大成與湯尚賢則測繪江西、廣東、廣西[15]。五十三年（一七一四年），馮秉正、德瑪諾、雷瑪諾、雷孝思三人測繪台灣西部地圖。五十四年（一七一五年）雷孝思完成雲南、貴州地圖之測繪。五十六年（一七一七年）返抵北京，最後由杜德美集大成，五十七年（一七一八年）修告完成。

　　各省圖測繪完成後，帝又遣曾從教士學習數學測量之喇嘛二人赴西寧、拉薩等地，測繪西藏及附近地圖，由雷孝思、杜德美審定；朝鮮地圖，得自朝鮮宮中，亦由雷、杜、費諸教士審核，製爲新圖。最後乃合滿州、朝鮮、西藏而成一總圖，凡三十二幀；又分省圖，則各省一幀，總稱「皇輿全覽圖」，又稱「皇輿全圖」或「大內輿圖」。康熙五十八年（一七一九年）二月十二日帝

---

15 參閱何健民著，《中國近代史》，台北：三民書局，民國四十七年十一月，頁一〇。

諭內閣學士蔣廷錫曰：

> 「皇輿全圖，朕費三十餘年心力，始得告成；山
> 脈水道，俱與禹貢相合。爾將此全圖並分省之圖，
> 與九卿細看，倘不合之處，九卿有知者，即便指
> 出。」

後奏曰：

> 「從來輿圖所未有。……謹將原圖恭繳，伏求頒
> 賜」。

此後，海內外刊印的中國地圖，莫不以該圖爲藍本，
如①雍正七年（一七二九年）至乾隆二年（一七三七年）
法國地理學家唐維爾（J. B. Bourguignon d' Anville）最
早在歐洲印行的「中國新圖」（Nunvel Atlas de la
Chine），即係依據費隱寄回法京的「皇輿全覽圖」副本
而印製者；②乾隆二十六年（一七六一年）由宋君榮、
蔣友仁、傅作霖、高慎思等完成的「大清一統輿圖」（又
稱乾隆內府銅版地圖或乾隆十三排地圖），亦以「皇輿

全覽圖」爲基礎，並增益左都御史何國宗率同西士蔣友仁等所實測繪製的準、回兩部（今新疆省）地圖而成。[16]

由此可知，其貢獻於中國地理學界，至深且鉅。

（四）生物醫學

1.動植物學

元至正二年（一三四二年），教宗使節馬黎諾里（Giovanni de' Marignolli）曾獻駿馬，神俊超逸，號稱天馬；此爲教士攜帶外國動物來華之創舉。至康熙十七年（一六七八年），葡萄牙使臣本篤（Bento. Pereyra）得教士南懷仁之力，始進貢非洲獅子；教士利類思，爲撰「獅子說」一卷，分獅子形體、獅子性情、忘恩、獅體治病、借獅箴儆、解惑等六篇。次年，利類思應康熙之命，著「進呈鷹說」，述西人蓄鷹之法，此爲傳入我國之第一部西洋動物學書，兼介紹西洋多種飼料，方豪教授認爲「觀其詞句之生硬，似爲譯自西書者」。

另艾儒略所作「職方外記」，亦爲介紹域外動植物之書籍。此書成於天啓三年（一六三三年），杭州楊廷

---

16 參閱楊予六著，《中國近代史》，台北：現代書局，民國六十四年九月，頁一三五。

筠爲之潤色，所記載皆詭怪異乎尋常，清人談海外奇聞者，多喜沿用。

當時傳教士中亦多人研究中國動植物，且爲之傳入西方，如：

①波蘭教士卜彌格著拉丁文 「中華植物」（Flora Sinensis）一書，在一六五六年出版於維也納，所記中國名花約二十種，珍奇動物若干。

②匈牙利籍教士衛匡國著「中國新圖」（Novus Atlas Sinensis）一書，一六五五年刊行於海牙，書中述及各省之草木，而介紹人參尤詳。

③康熙三十五年（一六九六年），李明作「新中國回憶錄」（Nouveaux Memores sur la Chine），記載有關於中國植花及北京與川陝晉諸省種煙之法。

④巴多明於雍正元年（一七二三年）致書法國學士院，列舉在華覓得之植物。

⑤湯執中（Petrusd' Incarville）爲著名植物學家徐西歐（B. De Jussieu，1699～1777）之門生，曾發表北京附近植物二百六十種，並詳述小藍（Siao-lan）亦名大葉多藍（Indigofera）之種植法及採取靛青與染布諸術。並著有「中國漆考」及「中國之美術工藝及園藝」二書。

曾於乾隆年間以進呈荣蔬花卉種籽而入宮。

　　⑥韓國英（Martialus Cibot，1727～1780）亦爲十八世紀在華耶穌會之大生物學家，曾於乾隆四十五年（一七八〇年）以植物標本附漢名目錄寄法國，今猶存自然歷史博物院。[17]

　　在華耶穌會士努力於學術研究時，歐洲之同會士，亦代盡介紹之責，因此乃有杜赫德（Du Halde）之「中國全誌」（Description de la Chine），「中國事物輯錄」（Memoires concernantes les Chinois）及「耶穌會士通訊集」，亦譯「坊表書札」（Lettres edifiantes et curieuses）三大著述之出現。

2.醫　學

　　明穆宗隆慶三年（一五六九年），澳門主教加內羅（D. Melchior Carneiro）始立醫院，名曰仁慈堂（Santa. Caza da Mijericordea），爲近世西洋醫學傳入中國之始。利瑪竇著有「西國記法」，爲西洋神經學傳入之嚆矢，亦爲西洋傳入之第一部心理學書。而鄧玉函所著之「人身概說」，則爲西洋解剖學入中國之始。除此而外，尚

17　參閱方豪著，〈來華天主教士傳習生物學事蹟述概〉，《方豪六十自定稿補編》，台北：學生書局，民國五十八年十二月，頁二九一五～二九一七。

有若干傳教士撰書以介紹西洋醫學，或親自為人醫病，康熙、乾隆皇帝之內廷御醫即由傳教士擔任，以下舉出較著名之傳教士數名：

①龍華民：撰有靈魂道體說。

②衛匡國：撰有真主靈性理證。

③艾儒略：撰有性學觕述，言血液及其循環之理、呼吸及循環之關係、感官系統及睡眠與夢。

④畢方濟：有靈言蠡勺，言及血液之功用。

⑤湯若望：有主制群徵，言骨骼、血液、神經之生理狀態。

⑥高一志：修身西學，言血氣之功用。

⑦傅汎濟：撰有寰有詮、名理探。

⑧羅德先（Bernard Rhodes，　～1715）修士：康熙三十八年（一六九九年）入中國，精外科，尤善配藥，並諳脈理，曾為康熙帝治疾二次，深得寵。

⑨羅懷忠（Jean-Joseph de Costa，1679～1747）修士：入會前，從名師習手術及製藥，入中國後，為同會士及教內外人治疾，歷三十年，人均仰其高藝。

⑩安泰修士：康熙五十七年（一七一八年）入中
　國，聖祖多次巡視，皆以其相從，精醫。時教
　禁頗嚴，教友常借求醫為名，入堂誦禱。

⑪巴新修士：曾在波斯任 Thomas Konlikan 王之
　首席醫官，乾隆三十一年（一七六六年）奉召
　入廷，在宮內供職。[18]

3.藥　學

　「本草補」，為西洋藥物學最早傳入中國之專書，
此書為墨西哥方濟各會士石鐸祿（Petrus Pinuela）所述，
而熊三拔所著之「西洋煉製藥露法」乃為西藥製造術最
初傳入中國之書。康熙八年（一六六九年），利類思與
南懷仁、安文思合撰「西方要紀」，亦述及歐洲製藥之
法。熊三拔之「泰西水法」及艾儒略之「西方答問」亦
曾述及西藥之功用。

　當時除了西方醫藥學輸入中國之外，亦有傳教士將
中國醫術醫藥介紹於西方人士，此人即是波蘭籍傳教士
卜彌格。卜氏原為波蘭王西祺門（Sigismond）之首席御
醫，入中國後曾以拉丁文著「醫學入門」，或譯「醫鑰」
（Clavis medica），書分六大部分，譯有王叔和之「脈

18　同註二引書，第四冊，頁一二六～一二八。

經」及視舌苔及氣色診病之方法。[19]

（五）採礦術礮術

一六二八年（崇禎元年），意大利教士畢方濟上疏云：「臣蒿目時難，思所以恢復封疆，而裨益國家者…二曰：辦礦脈以裕軍需。蓋造化之利，發現於礦，第不知礦苗所在，則妄鑿一日，即虛一日之費。西國…論五金礦脈，徵兆多端，宜往澳門，招聘精於礦學之儒。」後湯若望赴前線督軍，除教授火器水利外，並授採礦之法。一六六四年（康熙三年），曾有請命湯若望開礦事，惜不旋踵而明亡，成績遂無可觀。

元初，得西域礮攻金之蔡州城，為近古中國使用火器之始。明成祖征交阯，得神機槍礮法，特設神機營，以學習神機火器的製造與使用；其後兼用內臣監管神機火器，號稱「監鎗」。明季東西海道大開，西洋新式火器的銃礮乃隨外國商船輸入中國。東來的耶穌會士，多精礮術，而漸傳其法於中國。徐光啓從利瑪竇習火器之術，曾力請多鑄大礮，以資守城。一六二一年（天啓元年），外患日亟，朝廷乃從兵部議，准購用西銃，募用

---

19 同註十七引文，頁二九二四。

西兵；翌年，遣使至澳門，延請耶穌會士羅如望、陽瑪諾、龍華民等入京製造銃礮；天啓三年（一六二三年），又召用艾儒略、畢方濟等；一六三六年（崇禎九年），在皇宮旁設立鑄礮廠一所，命湯若望負責督造。

湯若望嘗口授「火攻揭要」（一名則克錄），由焦勗筆譯，詳盡介紹各式火器的製造及使用方法。俟滿清入主中國後，教士們又幫助清廷，製造銃礮。一六七三年（康熙十二年），吳三桂反清，清廷又命南懷仁鑄造大小鐵礮一百二十餘門，頗爲堅利。可惜中國人並未繼續研究，仍以弓、矢、刀、矛等作爲作戰的主要武器。

二、歐洲人文科學之輸入

（一）神學哲學

西教士以傳佈天主教教義爲聖職，神學自然隨教士之來華而開始傳播。幾乎每位教士都有神學的著作問世，其中尤以利瑪竇的「天主實義」，堪稱神學著述的代表。

「天主實義」，一名「天學實義」，分上、下兩卷，每卷四篇，分論天主、靈魂、鬼神、人性、身後賞罰及

耶穌降生諸端道理。每篇皆為問答體裁，以中士問、西士答的方式，溝通儒學與西教，惟攻擊佛教與道教。這冊書曾翻譯為日文、滿文、蒙文、朝鮮文及安南文[20]，不僅為在中國的傳教士們採用，並為遠東各國的傳教士所採用。其對中國士子所發生的影響力是非常深遠。徐光啟即是因讀了這冊「天主實義」而皈依聖教。

　　除此而外，尚有「超性學要」，亦為著名的神學著作。此書為中古時代天主教神學大師聖多瑪斯‧阿奎那斯（St. Thomas Aquinas，1225～1274）「神學綱要」的節譯。包括：論天主性體六卷，論三位一體三卷，論萬物原始一卷，論天神五卷，論形物之造一卷，論人靈魂六卷，論人肉身二卷，論總治萬物二卷，以上皆利類思譯；另有天主降生四卷，復活論二卷，為安文思譯。「超性學」即「天學」，天學即今謂之「神學」。

　　最先輸入西洋哲學於中國的，為葡萄牙教士傅汎濟，他曾與李之藻合譯「寰有詮」（De Coelo Aristotelis Stagiritae）與「名理探」（In Vniversam Dialeiticam

---

20 參閱羅光著，《利瑪竇傳》，台中：光啟出版社，民國四十九年十月，頁一七三～一七四。

Aristotelis Stagiritae）二書[21]。此二書皆爲葡萄牙「哥應拔」（Coimbra）大學講義，闡述亞里斯多德（Aristotelis，384～322B.C）之哲學理論。

「寰有詮」，全書六卷，大率摘譯亞里斯多德推論形天之有。卷首辨證萬物必有一最初者，此下五卷分爲圜滿篇、純體篇、不壞篇、動施篇、渾圓篇、均動篇、星理篇、星運篇、星圜篇、天星二解篇、物生滅篇、性數篇、元行生滅篇、相生篇、輕重篇，共十四篇，乃是歐洲中古一種解釋亞里斯多德物理學（Physica）的書[22]。李之藻寫有序文，詳述翻譯本書的目的和經過。

「名理探」，全書十卷，爲第一部理則學的譯本。以詮釋亞里斯多德之論理學（Logica），中國稱之爲名學。

此外，尚有畢方濟口授，徐光啓筆錄的「靈言蠡勺」，言靈魂學；龍華民撰「靈魂道體說」；南懷仁譯「窮理學」；艾儒略譯「性學觕述」；高一志撰「修身西學」、「平治西學」、「齊家西學」、「童幼教育」、「空際

21　參閱方豪著，《中國天主教史人物傳》，香港：香港公教真理學會，一九七〇年，第一冊，頁二〇八～二〇九。
22　參閱向達編，《中西交通史》，上海：中華書局，民國二十三年三月，頁九一。

格致」，皆為介紹希臘哲學的書籍[23]。

（二）藝　術

1.音　樂

中國自古即重樂，而對於外來之音樂亦最易接受。漢代張騫通西域，胡角傳入中土，是外來音樂輸入中國之始。南北朝時，印度音樂隨佛教而進入中國；唐代時，胡曲則已大為流行；可知中國音樂受異族音樂影響之大。至於近代西洋音樂之入中國，當歸功於明末清初西洋傳教士之力。

羅明堅首先將西洋樂器介紹於中國，根據裴化行著「天主教十六世紀在華傳教誌」中記載：「在他的會所，還陳列著許多別樣的新奇物品：例如聲調悠揚的新樂器。」羅明堅之後有郭居靜，長於音樂，能辨中國五音，龐迪我即曾隨之學樂器。萬曆二十八年（一六〇〇年）利瑪竇向皇帝呈獻貢品，其中有大西洋琴一張，後又作「西琴曲意」八章，可能是第一部談琴理的書[24]。其後，湯若望進呈一種水力推動之樂器，據云聲音極為優美，

---

23 同註十八引書，第五冊，頁一四二～一四六。
24 同註二十引書，頁一一六～一二一。

後又撰書介紹並解釋西洋樂器。其他西洋音樂與樂器亦陸續由澳門傳入中國大陸，並受到宮庭及上流社會所喜愛。清初來華西士中，有徐日昇、顏伯里（Philiber-tus Geneix）、南光國（Louis Pernon，1663～1702）、巴多明、石可聖（Leopold Liebstein，1665～1711）、德理格（Teodoricus Pedrini，1671～1746）、魏繼晉、魯仲賢（Jeann Walter，1708～1759）等善音樂。徐日昇曾擔任康熙皇帝之首席西樂師；魏繼晉及魯仲賢則同為乾隆宮中之音樂教師[25]。當時西樂之傳入，可謂已極普遍矣。

2.繪　畫

繪畫藝術，亦由利瑪竇之攜來西畫而開其端。萬曆二十八年（一六〇〇年），利瑪竇上神宗表文，有云：「謹以天主像一幅，天主母像二幅，天主經一本，珍珠鑲嵌十字架一座，報時鐘二架，萬國圖誌一冊，雅琴一張，奉獻於御前。物雖不腆，然從極西貢來，差足異耳。」利氏所獻天主圖像及天主母像，即為最初傳入中國之西洋美術品。顧起元的「客座贅語」，記載頗為詳細：

25　參閱方豪著，〈嘉慶前西洋音樂流傳中國史略〉，《大陸雜誌》，第四卷第十期，頁四～八。

「答曰『中國畫但畫陽不畫陰，故看之人面軀正
平，無凹凸相。吾國畫兼陰與陽寫之，故面有高
下，而手臂皆輪圓耳。凡人之面正迎陽，則皆明
而白；若側立則向明一邊者白，其不向明一邊者
耳鼻口凹處，皆為暗相。吾國之寫像者解此法用
之，故能使畫像與生人亡異也。』攜其國所印書
冊甚多，皆以白紙一面反覆印之，字皆旁行；紙
如雲南綿紙，厚而堅韌，板墨精甚。間有圖畫，
人物屋宇，細若髮絲。」[26]

　　這段話說明了以上三幅畫係採用以光顯明暗之理，
亦提出了中西繪畫不同的地方。除此而外，使「中國畫
工無由措手」的西方銅版之寫實技巧，亦由此輸入中國。
　　其後羅如望、艾儒略、畢方濟、湯若望等來華，攜
入的西洋畫更多。其中以西洋的宗教畫為主，但也兼及
了一些西洋的風景人物畫。對於美術頗有研究的畢方濟
神父著有「畫答」與「睡答」二書，對於西洋畫法有所
介紹。至雍正七年（一七二九年），第一本正式出版的

---

26 參閱向達著，〈明清之際中國美術所受西洋之影響〉，東方雜誌，
　　第二十七卷第一期，頁二一。

西方透視學問世，這是由郎世寧（Giusppe Castiglione，1688～1766）指導，年希堯所著；這本書的流通帶來了正確的西方描寫物體空間的畫法。在康雍乾三朝，西洋的傳教士畫家正式出任宮廷的畫師，更能介紹西方的畫法了。

　　西洋畫既隨傳教士而不斷輸入中國，國人習見西畫，乃有受其影響而採用其立體寫影之法，首開其風者為明末閩莆田人曾鯨（字波臣）。姜紹書「無聲詩史」卷四曾鯨條有云：

　　　　「曾鯨字波臣，莆田人，流寓金陵。風神修整，儀觀偉然，所至卜整以處。迴廊曲室，位置瀟灑磅礡。寫照如鏡取影，妙得神情。其傳色淹潤，點睛生動。雖在楮素，盼睞嚬笑，咄咄逼真，雖周昉之貌趙郎，不是過也。若軒冕之英，巖壑之俊，閨房之秀，方外之踪，一經傳寫，妍媸唯肖。然對面時，精心體會，人我都忘，每圖一像，烘染數十層，必匠心而後止。其獨步藝林，傾動遐邇，非偶然也。年八十三終。」

　　姜氏所云烘染數十層之語，非中國以前之寫真家所知，而波臣乃突開一新派，與西洋畫法相近。其學傳授甚眾，以謝彬、郭鞏、徐易等人號稱最著，康乾之際，寫真一術，蓋以波臣一派爲盟主。

　　康熙年間，晉用許多西洋教士供職畫院，如郎世寧、艾啓蒙（Ignaz Sichel barth，1708～1780）、馬國賢（Matteo Ripa，1682～1746）等人，中國方面則有焦秉貞、冷枚、唐岱、陳枚、羅福旼、門應兆諸人，皆用西洋畫法，能於寸縑尺紙圖群山萬壑。焦秉貞所摹繪之「耕織圖」[27]，以參用西洋透視法著名。康乾之際，畫院風氣亦因其併用西法而開新派，「耕織圖」乃成爲最足以代表此輩新派之作品。西洋傳教士供奉內廷者之中，以郎世寧最爲著名。郎氏爲意籍耶穌會修士，於康熙五十四年來華，曾於京師天主教「南堂」[28]落成後，作壁畫六十多幅，

27　南宋樓璹有耕織圖，清聖祖康熙三十五年，命秉貞倣樓圖重繪。乾隆時又曾命冷枚、陳枚各繪耕織圖一冊。樓圖與焦圖，據向達先生研究，有三點不同：一、樓圖耕圖二十一，織圖二十四，焦圖耕織各二十三圖。二、樓圖簡單樸素，焦圖則纖細麗都。三、焦圖應用西洋之透視法以作畫。
　　同前註引書，頁二六～二七。
28　為順治七年（一六五〇年）春，湯若望在北京宣武門內所建之教堂。乾隆十四年，教士徐日昇、閔明我予以改造，成為歐洲式。康熙六十年教士費隱以葡王之款重建此堂。
　　參閱方豪著，〈嘉慶前西洋建築流傳中國史略〉，大陸雜誌，第七卷第六期，頁五。

人皆稱奇。於康熙末年入直內庭，至乾隆三十一年（一
七六六年）卒於北京。最爲清高宗所賞識，凡名馬珍禽，
奇花異草，無不命其圖之，而其畫法係「本西法而能以
中法參之」。

以上所舉，皆爲畫院中人；畫院以外，散在民間而
參用西法的畫家尙有張恕、曹重、崔鐓諸人。至於以中
國畫家而慕化西洋文明的，要算吳歷（漁山）爲最著名。
吳歷，一號墨井，江蘇常熟人，與王時敏、王鑑、王翬、
王原祁、惲格稱淸初六大家。康熙二十一年入耶穌會，
曾至澳門，欲往歐洲未果，其畫似存西法，樹石描繪與
郎世寧諸作微近。以名畫家而篤信天主，當推他爲第一
人[29]。

明淸之際，西洋美術雖確爲中國美術界帶來若干之
影響，而其終不能在中國發榮滋長，推究其原因，固然
與淸帝之禁敎愈嚴有關，且西洋美術本身亦有不能發展
之原因：

（1）當時美術界對西洋美術之不滿。中國畫家對西洋畫
　　法並不完全欣賞，例如採用西洋畫法的宮廷畫家鄒
　　一桂認爲西洋畫「學者能參用一二」，但其「筆法

29　同註二十六引文，頁二七～二八。

全無，雖工亦匠，不入畫品」。

（2）當時西人對於在中國之西洋傳教士所作摻合中西畫
　　法的作品亦備致不滿。巴洛（Barrow）著「中國遊
　　記」，記其在圓明園所見郎世寧的畫時，評為放棄
　　西洋原理，甘受中國皇帝指使，作品不中不西。

（3）供奉畫院的西洋畫家，本身對自己的作品也不滿
　　意。王致誠、郎世寧等人初亦思以西洋畫之風骨明
　　暗諸端，輸之於中國，然不為帝所喜，清高宗甚至
　　強令王致誠學習中國畫，彼等雖心知其非而莫之敢
　　忤。[30]

3.建　築

　　自葡人經營澳門，「高棟飛甍，櫛比相望」，西洋
式建築乃傳入中國。其後廣州的外國商館、十三洋行先
後建立，也都模倣西式。教士傳教內地所建的天主教堂，
亦為西洋式的教堂。例如：在北京城宣武門內所建的天
主教「南堂」，即是仿照當時西歐所盛行的巴洛克
（Baroque）式，全部地基作十字形，內部賴立柱行列，
分教堂頂格為三部，各部作窟窿形，中間頂格作圓格狀，
屋內明爽異常，後經徐日昇、閔明我予以改建，在教堂

30　同前引書，頁三二～三三。

兩側建高塔二座，一座置大風琴，另一座則懸大小不等的時鐘[31]。

杭州武林門內的天主堂，「造作制度，一如大西，規模宏敞，美奐美侖」，據李明神父於康熙二十六年過杭州時所記：「杭堂之美，未能以筆墨形容，堂中所有悉鍍以金；壁畫掛圖，無不裝璜精緻，秩然有序。堂內概以紅黑好漆飾成，華人最善用此。陳飾物中有金花及其他貴重品，為世界之大觀」。

此堂實為當時最宏大、最瑰麗的天主堂，其內部裝置陳設則中西合璧。

雍正以後，各省天主堂悉被官方沒收，因供奉內庭而留居京師的西方教士，既無法致力於建造教堂，不得已乃轉為清帝效力。圓明園中的西洋建築，即在少數西方教士的指導之下，由中國工匠營造而成。圓明園乃清聖祖康熙四十八年（一七〇九年）開始營造，晚年以賜皇四子胤禛（清世宗雍正帝），世宗立，增修殿宇亭台，於每年夏季在園中避暑聽政。雍正四年（一七二八年）賜皇子弘曆（清高宗乾隆帝）居園東的長春仙館，即日後的長春園。圓明園中的西洋建築，如諧奇趣、蓄水樓、

---

31 同註二十八引文，頁五。

花園門、養雀籠、方外觀、竹亭、海亭堂、遠瀛觀、大
水法、觀水法、線法山、湖東線法畫等，多在此園之內。
這些西洋建築的興建，始於乾隆十二年（一七四七年），
為意籍傳教士郎世寧所設計，噴水池則由法籍傳教士蔣
友仁所作。郎世寧之設計係採意大利式，若干門窗之形
狀，為仿波洛米尼式（Borromini），其他部分則多仿十
六世紀末之熱那亞王宮；蔣友仁之噴水池則係仿凡爾賽
（Versailles）及特聖格羅（de Saint Cloud）之大噴水池
建築法[32]。據方豪神父表示：

「圓明園工程，就大體觀之，法國作風並不顯著，
惟壁間花飾，亦有純然抄襲十八世紀法國之雕刻
術者。而所有岩石形、貝殼形、花葉形之雕飾以
及壁爐、方形柱等，則又極似路易十四時代之作
風。總之，圓明園西洋建築之圖式固極自由，而
不囿於一式。」

然就一般人認為，圓明園之藝術價值並非甚鉅，其
失敗的最大原因，在郎世寧並非建築家而拙於設計。然

32 同前註引文，頁八～九。

平心而論，以極少數教士之指示，成於並未素習之中國工匠之手，有此圖式繁複而又規模宏大的建築出現，自有其不可磨滅之價值存在。

4.瓷 器

宋元以來，中國與西南亞及南洋諸國戀遷往來，輸出商品以瓷器為其要宗；沿至明清，仍然不變。其後西人呼瓷器為 China，與以前之以 Sinae（絲地）稱中國，後先輝映。然自萬曆以後，中西交通漸繁，於是中國之瓷器制作、繪畫，亦間有採用西法者。此風至乾隆時最盛，道光時始衰。

西式瓷器在一六四〇年左右，即已因耶穌會教士之力傳入日本。器底所繪，多屬聖經故事，此類瓷器在明末清初，亦已傳入中國，至康乾之際為數愈多，因而中國倣效也愈多。據藍浦景德鎮陶錄卷七古窯考云：

「廣窯始於廣東肇慶府陽江縣所造，蓋仿洋磁燒者，故志云：廣之陽江縣產磁器。嘗見爐瓶琖碟碗盤壺盒之屬，甚絢彩華麗，唯精細雅潤，不及瓷器，未免有刻眉露骨札相，可厭。然景德鎮唐窯曾倣之，雅潤足觀，勝於廣窯。」

　　可見中國最先倣燒洋瓷者當爲廣窯，景德鎮之唐窯繼之。

　　乾隆年間，唐英爲九江關監督窯務時，所造西式瓷器尤多，不僅形式採用洋式，瓷器之渲染，亦效西洋畫。據藍浦景德鎮陶錄卷四陶務方略云：

> 「景德鎮有洋器作。洋器之用滑石製作器骨工值重者，曰滑洋器，洋器之用滑石者，亦只半數；用不泥作器質，土質稍次者是為粗洋器。」

　　卷三陶務條目云：

> 「其倣古各泑色有西洋雕鑄像生器皿，畫法渲染，悉用西洋畫意；有西洋黃紫紅綠烏金諸色器皿；有洋彩器皿，新仿西洋法瑯畫法，山水人物花卉翎毛，無不精細入神。」

　　凡此皆爲雍乾之際，唐氏監督窯務時之盛況。一方面倣效新式，以償一己好奇之心，一方面即以之輸出，投外國之嗜好。

　　然不論建築或瓷器，當時對於西洋化的汲取已相當可觀，可惜醉心西洋事務的大都是皇帝貴冑等特殊階級，未能及於平民，故無法根深蒂固，發揚光大。

（三）教　育

　　明末向國人介紹西洋教育的是意大利教士艾儒略。艾儒略，威尼斯人，生於一五八二年（明萬曆十年），萬曆三十八年（一六一〇年），到了澳門，三年後進入內地傳教。他到過的地方有北京、上海、揚州、陝西、山西、杭州、常熟、福州、泉州及福建的興化、延平等地。他的著述非常之多，對介紹西學，貢獻尤大。在某些方面，甚至比利瑪竇還受人尊敬，國人尊稱其爲「西來孔子」或「西方聖人」[33]。永曆三年亦即清順治六年（一六四九年）卒。

　　艾氏談論西洋教育的書是「西學凡」和「職方外記」。

　　「西學凡」一卷，有楊廷筠，許胥臣等序。內容皆爲西洋建學育才之法，所記西洋教育制度，非常詳細。稱文科爲勒鐸理加，即拉丁文 Rhetorica；理科爲斐錄所

33　參閱方豪著，〈明末傳入的西洋教育〉，東方雜誌，復刊第八卷第十一期，頁三二。

費亞，即拉丁文 Philosophia；醫科為默第濟納，即拉丁文 Medicina；法科為勒義斯，即拉丁文 Leges；教科為加諾搦斯，即拉丁文 Canones；道科為陡祿日亞，即拉丁文 Theologia。講論理學（Philosophy，即哲學）時，更分為五分科 ——

落西伽（logic，名學）：「譯言明辯之道，辯其是與非，虛與實，表與裏之諸法。」

費西伽（Physics，物理學）：「譯言察性理之道，以剖判萬物之理，而為之辯其本末，原其性情，由其當然，以究其所以然。」

默達西伽（Metaphysik，形而上學）：「譯言察性以上之理，總論諸有形及無形之宗理。」

瑪得瑪第伽（Mathematic，數學）：「譯言察幾何之道，則主乎審究形物之分限者也。」

厄第伽（Ethics，倫理學）：「譯言察義理之學，包括修身之道，齊家之道，救國之道。」

對於十六世紀時，西洋醫學、法學、教學、道學的學習過程、年限及考試，「西學凡」內容有詳細的介紹，另對於當時西洋文學所重視的「文筆」與「議論」，也

有詳細的解說。[34]

　　「職方外紀」五卷，有李之藻、楊廷筠、瞿式穀、
許胥臣等人序，及艾儒略序。此書爲第一部漢文世界地
理書，四庫全書收入史部地理類。一般人多注意於殊方
異俗或珍奇物產，而忽略了其中禮教學校的部分。在卷
二「歐羅巴總說」中說：

　　　　「歐邏巴諸國，皆尚文學。國王廣設學校。一國
　　　　一郡有大學、中學；一邑一鄉有小學。小學選學
　　　　行之士為師；中學、大學又選學行最優之士為師。
　　　　生徒多者至數萬人。
　　　　其小學曰文科，有四科：一、古賢名訓；二、各
　　　　國史書；三、各種詩文；四、文章議論。學者自
　　　　七八歲，學至十七八；學成，而本學之師儒試之。
　　　　優者進於中學，曰理科，有三家：初年學落日加，
　　　　譯言辯是非之法；二年學費西加，譯言察性理之
　　　　道；三年學默達費西加，譯言察性理以上之學，
　　　　總名斐錄所費亞。學成，而本學師儒又試之。
　　　　優者進於大學，乃分為四科：一曰醫科，主療病

────────────────

34 同前註引書，頁三三。

疾；一曰法科，主習政事；一曰教科，主守教法；一曰道科，主興教化。皆學數年而後成。學成，而師儒又嚴考閱之。

凡試士之法：師儒群集於上，生徒北面於下。一師問難畢，又輪一師，果能對答如流，然後取中。其試一日止一二人。一人遍應諸師之問，如是取中，便許任事。（中略）其都會大地，皆有官設書院，聚書於中，日開門二次，聽士子入內抄寫誦讀，但不許攜出也。

又四科大學之外，有度數之學，曰瑪得瑪第加，亦屬斐錄所費亞科內。此專究物形之度與數：度其完者，以為幾何大；數其截者，以為幾何多。二者或脫物而空論之，則數者立算法家，度者立量法家。或體物而偕論之，則數者在音相濟為和，立律呂家；度者在天迭運為時，立曆法家。此學亦設學立師，但不以取士耳。此歐邏巴建學設官之大略也。」

　　卷二「以西把尼亞（即西班牙）」章中，介紹了四所著名的大學：

「國人極好學，有共學，在撒辣蔓加與亞而加辣
二所，遠近學者聚焉。高人輩出，著作甚富。而
陡祿日亞與天文之學尤精。」

「以西把尼亞屬國，大者二十餘，中下共百餘。
其在最西曰波蘭杜瓦爾（即葡萄牙）。……國中
共學二所：曰阿勿辣，曰哥應拔，其講學名賢，
曾經國王所聘，雖已輟講，亦終身給祿不絕。歐
邏巴高士多出此學。」

卷二「拂郎察（即法蘭西）」章，介紹巴黎大學：

「其都城名把理斯，設一共學，生徒嘗四萬餘人。
倂他方學，共有七所。又設社院，以教貧士，一
切供億，皆王主之。每士計費百金。院居數十年，
共五十五處。」

按共學即大學，把里斯即巴黎（Paris）。[35]
當時幾所西洋大學的講義，也經過傳教士及奉教者

---

35 同前引書，頁三三～三五。

的翻譯而介紹入中國。例如：

　　1.幾何原本前六卷。利瑪竇口譯，徐光啓筆受。

　　2.同文算指十卷。利瑪竇授，李之藻演。

　　3.渾蓋通憲圖說。利瑪竇授，李之藻演。

　　以上三書，爲利瑪竇的老師「丁先生」在羅馬大學任教時的講義。

　　4.靈言蠡勺二卷。畢方濟口授，徐光啓筆錄。

　　5.寰有詮六卷。傅汎濟譯義，李之藻達辭。

　　6.名理探十卷。傅汎濟譯義，李之藻達辭。

　　7.修身西學五卷。高一志譯。

　　以上四書爲哥應拔大學的講義[36]。

　　由上可知，明末的中國人，已可由傳教士翻譯的書籍當中，略知一些西洋教育的制度，一些西洋學校的情形和四所大學，以及至少已有七種西洋大學講義的譯本。

（四）語言文字

　　歐洲文字之爲中國人所學習，始於元季。一三〇五年一月八日（大德八年十二月十三日）大都總主教孟高維諾函中已述及有一百五十名幼童學習拉丁文及希臘文

---

36 同前註引書，頁三五～三七。

[37]。至明末耶穌會士東來之後，於澳門、北京、杭州等處，相繼設立培植中國天主教教士之修道院，亦即為攻讀拉丁文之所。此後教中人傳習拉丁文者愈多，拉丁文之使用也愈普遍。由於西教的關係，拉丁文遂逐漸受到中國朝野的重視。至一六八九年（清康熙二十八年）中俄簽訂尼布楚條約時，拉丁文已正式用於中國官書，而由此條約之後，以拉丁文為對西洋各國之外交用語，亦幾已成為定例。

利瑪竇與羅明堅於萬曆十二年（一五八四年）至十六年（一五八八年）之間，合編成「平常問答詞意」，此為第一部中西文字典，附羅馬注音，惜為未完成之作。萬曆三十三年（一六○五年），利瑪竇著「西字奇跡」一卷（或曰程氏墨苑裏的利瑪竇注音），以拉丁音注漢字，計得三百八十七字，字父（即聲母）二十六，字母（韻母）四十四，次音四，聲調符號五[38]。

「西字奇跡」刊行後二十年，金尼閣撰「西儒耳目資」問世，凡字母二十九，內自鳴者（元音）五，同鳴者（輔音）二十，不鳴者（中國不用之輔音）四，又以

---

37 同註十八引書，第五冊，頁八二。
38 參閱羅常培著，〈耶穌會士在音韻學上的貢獻〉，中研院史語所集刊，第一卷第三期，頁二六九～二七三。

自鳴五字自相結合，並與 L，M，N 三字結合而成「自鳴
二字子母」及「自鳴三字聲母」各二十二，「自鳴四字
曾孫母」一。以元母、子母、聲母、曾孫母為五十列音，
是為字母，以二十同鳴字為字父。字母有清、濁、上、
去，入五聲調，及中音、次音記號各一。並創作「萬國
音韻活圖」、「中原音韻活圖」、「音韻經緯總局」、
「音韻經緯全局」、「四品切法」、「列音韻譜」等。
此書偏重於漢音西譯，與「西字奇跡」同是溝通中西文
字之橋樑，對中國音韻學有莫大之貢獻。羅教授常培云：

> 「據我觀察，利瑪竇的羅馬字注音跟金尼閣的『西
> 儒耳目資』在中國音韻學史上跟以前守溫參照梵
> 文所造的三十六字母，以後李光地『音韻闡微』
> 參照滿文所造的『合聲』反切，應當具有同等的
> 地位。因他們：1.用羅馬字母分析漢字的音素，
> 使向來被人看成繁難的反切，變成簡易的東西。
> 2.用羅馬字母標註明季的字音，使現在對於當時
> 的普遍音，仍可推知大概。3.給中國音韻學研究
> 開出一條新路，使當時的音韻學者，如方以智、

　　楊選杞、劉獻廷等受了很大的影響。」[39]

　　另外，如曾德昭的「字考」，柏應理的「文字考」，恩理格的「文字考」都是值得稱述的，在中國音韻學上亦是一大貢獻。[40]

　　由上觀之，教士們的著述，不可謂不多，半爲發明教義，半爲介紹科學，對中國人民的生活習慣、思想觀念，不無重大影響，例如破除迷信、排斥偶象，間接的也使中國固有的倫理思想發生變化。尤其中西文化一經接觸，使中國人深感物質文明的落後，有迎頭接受科學的必要。清代考證之風的盛行，就與明末輸入的西方科學有極爲密切的關係。

39　同前註引文，頁二六八。
40　參閱〈明末清初天主教傳教士的三種語音學著作〉，中華學術院天主教學術研究所學報，第一期，頁一〇九～一一四。

陸、中學西傳對歐洲產生之激盪

　　中國文化的西傳，在元代（一二六〇～一三六八年）已開其端。蠶桑術、印刷術、造紙術、火藥、羅盤針等均陸續西傳，然此等發明，可以顯示中華民族的智慧，但卻不能象徵中國文化的全部內涵與精神，對歐洲文化發生的影響亦屬有限。及至明清之際，中西交通重開之後，中國的經籍、藝術、文學、史地等才廣泛的傳入歐洲，在十八世紀的歐洲文化上產生了很大的影響。使近代中國文化在歐洲產生影響，當可溯源到「馬可孛羅遊記」，馬可孛羅在元朝初年來到中國，在中國住了十七年（一說二十年），並曾作過元朝的官。回到意大利後，發表了這本遊記，遊記中把中國描寫得很美，很富庶，這是引起近代西方人對中國感到興趣的第一本書。

　　正式把中國文化傳往近代西方的，則是一些來中國傳教的傳教士，他們都能直接閱讀中國古籍，生活也相

當中國化，他們曾翻譯了許多中國的重要經典，如論語、中庸、大學等，並寫書介紹中國的人情、風俗和歷史，由於他們的翻譯和介紹，才使中國文化在英、法、德等國家，興起了一陣旋風式的影響。

一、哲學 —— 德法啓明運動

明清之際，耶穌會士不但將西方的學術傳入中國，同時亦將中國的經籍與思想輸往歐洲，使中西文化交流，互爲影響。萬曆二十一年（一五九三年），自稱「嘗博覽群書」的利瑪竇首先將中國的四書翻譯成拉丁文，寄回本國。艾儒略讀後，曾作評論：「國人讀之，知中國古書，能識真原，不迷於主奴者，皆利子之力也。」利瑪竇之後，有金尼閣繼之從事中國經籍之西譯。他在明熹宗天啓六年，把中國的五經譯爲拉丁文，並在杭州刊印，這是中國五經最早的西譯本。

入清之後，教士從事中國經籍西譯者，已蔚成風氣，計康雍乾三朝一百三十餘年中，教士之以譯中國經籍著有成績者，得一十八人。王懷中教授曾將其姓名及所譯經籍書名表列出來，今摘錄於下：

教士姓名	國　籍	所譯經籍	文　字	備　註
郭納爵 （lgnatius ba Costa）	葡萄牙	大學（名為「中國之智慧」Sapientia Sinica）	拉丁文	一六六二（康熙元年）刻印，與殷鐸澤合譯。
殷鐸澤 （Prosper Imtorcetta）	意大利	中庸（稱為「中國政治道德學」Sinarum Scintia Politico moralis） 論語	拉丁文 拉丁文	一六六七（廣州）、一六六九（臥亞）刻印與郭納爵合譯
柏應理 （philippus Couplet）	比利時	西文四書直解（拉丁文題名為「中國哲學家孔子」），包括：（一）柏氏上路易十四書；（二）緣起與宗旨；(三)孔子傳；（四）本文：即大學（郭納爵譯）、中庸、論語（均殷鐸澤譯）	拉丁文	一六八七年巴黎出版，係柏氏與殷鐸澤、恩理格、魯日滿四人合編。
衛方濟 （Franciscus Noel）	比利時	四書 孝經 幼學 中國哲學 (philosphia Sinica) 道德經	拉丁文 (一七八三～一七八六，由 P.Pluquet 譯為法文) 拉丁文 拉丁文	一七一一年，由巴拉加(Prague)大學圖書館印行。 與前書同時同地印行 據宋君榮述
白乃心 （Joannes Grueber）	奧　國	中國雜記（書末附孔子傳及中庸譯文）	意大利文	
白晉 （Joach Bouvet）	法　國	易經大義 討論詩經	拉丁文 拉丁文	僅存稿本，現藏巴黎國家圖書館。

教士姓名	國 籍	所譯經籍	文 字	備 註
劉應 （Mgr Claudes de Visdelou [Visdelorc]）	法 國	易經概說 禮記（郊特性、祭法、祭義、祭統等） 書經	拉丁文 拉丁文 拉丁文	四卷六冊、現藏梵蒂岡圖書館
巴多明 （Dominicus Parrenin）	法 國	六經註釋		
馬若瑟 （Joseqh H. M.Premare）	法 國	書經（節譯） 詩經（節譯） 書經以前之時代及中國神話 （ Recherches sur lestemps anterieurs a Ceu dont Parle le Chouking et sur la mythologie Chinoise） 中國經學研究導言略論 （Essaid' introduction Preliminaire al intelligence des king）		載於杜赫德著「中國全誌」第二冊。 巴黎國家圖書館藏
雷孝思 （J.B.Regis）	法 國	易經	拉丁文，書名可譯「易經註釋第一部分評論」	一八三四年由 Mohl 印行
傅聖澤（J. Fran-cisc us Foucquet）	法 國	道德經評註 詩經	拉丁文及法文合譯 法文	
赫蒼璧（Julianus Placidus Hervieu）	法 國	詩經		
湯尙賢（Petrus V. Da Tartre）	法 國	易經註解		
宋君榮（Antonius Goubil）	法 國	書經	法文	一七七〇年在巴黎出版

教士姓名	國　籍	所譯經籍	文　字	備　註
孫璋（Alexander de la Charme）	法　國	詩經（附註解） 禮記	拉丁文 拉丁文	稿成未印
蔣友仁（Michael Benoist）	法　國	書經 孟子	拉丁文	
錢德明 （Joan-Joseph Mara Amiot）	法　國	孔子傳 孔門弟子傳		一七八四年在北京刊印 同上
韓國英 （Pierre-Martial Cibot）	法　國	大學 中庸 中國人之孝道 （Memoire sur la piete filiale des Chinois）		

　　由於教士們把中國的典籍翻譯成拉丁文及法文，在歐洲出版，才讓歐洲人初次接觸到中國文化的底蘊。此類中國經籍與儒家思想的傳入歐洲，影響所及，乃促成了十八世紀德法兩國的「啓明運動」（Enlightment），或稱「啓蒙運動」。

　　「啓明運動」乃發生於十八世紀歐洲的反宗教、尊重理性、尊重自由的運動。此一運動的哲學基礎，實為中國思想。法國文學史家及批評家朗松（Gusteue Lanson 1857～1934）研究十七、八世紀思想演變的結論，謂：「思想的轉變，不僅由於抽象的思考，且亦由於具體的新事實之發現。」此具體的新事實，即指中國思想文化傳入歐洲，予當時思想界以新的刺激、啓示和鼓勵。此

一時代的特點，是想以哲學的文化來推翻中世紀的宗教文化，亦即想以理性的權威來代替上帝的權威[1]。一切尊重理性的評判，故亦稱之爲「理性時期」，或「哲學時代」。

耶穌會士介紹中國思想至歐洲，本在說明他們發現了一片最易接受「基督福音」的園地，以鼓勵歐洲教士前來中國，不意儒家經書中的原理與宋儒的「理氣二元說」，竟被歐洲哲學家用作反對教會的工具。耶穌會士所稱述之中國康熙年間的安定局面，使同時期歐洲動盪的政局與社會相形見絀，歐洲人竟以爲中國人乃一純粹有德性的民族，中國成了他們理想的開明帝國，孔子亦成爲歐洲思想家的偶像。中國哲學乃被視爲改革腐敗的君主政治、貴族政治的良藥，於是產生了法國的政治革命和德國的精神革命。

（一）法國啟明運動與政治革命

十八世紀的法國，是一政局動盪的多事之秋，思想家們亟欲建構一種新的理想，以改造現實，中國的學術

---

1 參閱朱謙之著，〈宋儒理學對於歐洲文化之影響〉，《中國近代史論叢》，台北：正中書局，民國四十五年十二月，第一輯第二冊，頁六三。

思想適逢其會，於是成為思想家們理想的模型。他們以為中國：1.乃純粹有德性的民族。2.國家和文化令人羨慕。3.道德秩序與自然秩序相調和。4.相信人性本善。5.人法天道，天道即自然秩序，所以說道法自然。6.天道與人道相協調，亦即為中庸之道。7.有合理的觀念，或稱理性至上主義。8.重視人道觀念。9.嚮往內心和諧。10.孔子代表合理主義，老子代表自然主義。由於這些觀念的傳播，乃展開了「理性運動」[2]。

在法國大革命前夕的大思想家服爾德（Voltaire 1694～1778）和重農學派的經濟學家克斯奈（Quesnay, 1694～1774），可稱為「中國化」主張的兩位代表人物，他們的理論，皆以中國的儒家經典為基礎。

服爾德生於一六九四年，卒於一七七八年，為法國當代著名的大文豪及哲學家。他的思想乃承襲笛卡兒（Descartes, 1596～1650）的弟子貝爾（Bayle, 1647～1706）的無神論及英國的自然神教而來，以中國哲學之理，代替基督教之神。他在十歲時就在耶穌會主辦的學校受教育，他所有的中國知識，都是從耶穌會的學院及

---

2 參閱韋政通著，《中國文化概論》，台北：水牛出版社，民國五十七年六月，頁三二六。

耶穌會士的通訊得來。對於中國文化他極力的加以讚揚，尤其崇拜孔子，他說：「我悉心讀過孔子的書，作過節錄。他所講授的都是最高潔的道德，他不談奇跡，不涉玄虛。」對於中國文化各方面 —— 宗教、政治、教育、文學，乃至物質生活，均讚嘆不止，曾著「世界各國風俗論」（Essai Sur Les moeurs），極言中國文化的優美，他說：「歐洲的王室和商人，在東方只求得了財富，而哲學家則求得了一個新的道德與物質的世界。」並謂「人類的智慧不能再想得出比中國政治更優良的政治組織」，說「中國民族爲世界最公正、最仁愛的民族」，最後作結論說：「我們對於中國，應該讚美，應該自慚；但是尤其要緊的，應該模仿。」[3]他著此書，用以反駁孟德斯鳩（Montes quieu, 1712～1778）對中國文化的抨擊。另外他還著有「中國孤兒」劇本，宣揚中國道德，反駁盧梭（Jean Jacques Rousseau, 1689～1755）的「文明不是幸福」的中國文化觀[4]，可說是一位「全盤華化」論者。

　　克斯奈，生於一六九四年，卒於一七七四年，爲法

3 同前註引書，頁三二七。
4 同註一引文，頁七二。

國重農學派經濟學家的代表人物。重農學派，源出希臘文，原義為「自然主宰學派」（Physiocrates），重視自然律及自然秩序，欲以自然法代替上帝的功能，這顯然是受了孔、老兩家思想的影響。孔子所謂：「天何言哉？四時行焉，百物生焉。」老子所謂：「道法天，天法自然。」這種順天而行，以為立國的精神，原是中國農業文化的基礎。中國文化制度即以自然律為依據，「天理」、「天命」、「天道」、「天運」即是自然律，皇帝亦須守此大法，受天理支配。因之，他認為中國的政治乃是「合法的專制政治」（或稱開明專制）。重農派倡導「中國化」不遺餘力，曾使法王路易十五（Louis XV, 1710～1774）於一七五六年，仿照中國皇帝舉行親耕籍田的儀式。

路易十六時代（Louis XVI, 1774～1792）的政治家杜爾各（A. R. J.Tugot, 1727～1781）、康多塞（Condorcet, 1743～1794）所推行的財政、教育設施,亦以中國儒家的理論為依據[5]。

他的經濟學說，除方法為他獨創外，大都取材於中

---

5 參閱楊予六著，《中國近代史》，台北：現代書局，民國六十四年九月，頁一四四。

國。他對法國笛卡兒和英國洛克（John Locke, 1632～1704）等人的學說非常熟悉，但當他接觸到中國文化，認識了中國的天人合一論－把自然體系和人類體系合而爲一時，方認爲這正是他理想中的標本，因此，對於中國人的國家觀和公民觀，極其崇拜。他認爲國家是一種手段，若得到自然經濟體系之助，則可使人類回到自然的樂境。因他篤信孔子，並想繼承孔子的道統，因之被稱爲「歐洲孔子」[6]。

其他如第德洛（Diderot, 1713～1784）、亞當斯密（Adam Smith, 1723～1790）、霍爾伯克（D' Holback, 1725～1789）、孟德斯鳩（Montes quieu, 1689～1755）、盧梭（Jean Jacques Rousseau, 1689～1755）、格林姆（Grimm, 1723～1807）等思想家，亦均受中國哲學思想的影響。於是以「無神論」與「唯物論」爲其哲學基礎的法國大革命，乃在這些思想家的推波助瀾下，於一七八九年爆發。

---

6 參閱何炳松著，〈中國文化西傳考〉，《中國近代史論叢》，台北：正中書局，民國六十七年五月，第一輯第二冊，頁四八～五〇。

（二）德國啟明運動與精神革命

中國文化對德國的影響，在廣度方面，不及對法國的影響，但在深度方面則遠在法國之上。當時法國盛行唯物論和自然主義哲學，乃從這一基礎來吸收中國文化，將中國的理學思想（宋儒理學）當作無神論來接受；而德國當時流行的是理性主義的哲學，於是能從較高的層面與中國文化接觸而將中國的理學思想當作理神論來接受。而談到德國的古典哲學，乃須先從萊布尼茲（Gottfried Wilhelm Leibniz, 1646～1716）談起。

萊布尼茲是十七世紀中葉德國的大思想家與學者，他的知識領域廣潤，堪稱為博學之士。法蘭西哲學家布特羅（Emile Boutroux，1845～1821）評萊布尼茲為古今最深遠，最博大的人物之一。他是哲學家，同時又是政治家；是理想家，同時又是實行家；是神學家，同時又是道德家；是數學家，同時又是科學實驗家。所以法人巴魯齊（Jean Baruzi，1891～1953）說：「沒有一個人能夠像他那樣言行一致的，沒有一個人的生活與學說體系，能夠像他那樣有堅固的結合；沒有一個人能夠像他

那樣孜孜不息，以創造單一的目的。」[7]

　　萊布尼茲自幼即受中國的影響，青年時期（一六八七至一六九〇年）與來華耶穌會士間之直接連繫，更使其接受中國文化的程度為之加深。一六八七年，他讀到比籍教士柏應理在巴黎所發行的「中國哲學家孔子」，這是他接觸中國經籍的開始，也對中國的倫理與實踐哲學有了初步的認識，讚美的情緒也隨之而生。一六八九年，他在羅馬會見耶穌會士閔明我共同談論中國的思想，爾後與之通信，努力加深其關於中國的知識。他曾和耶穌會士龍華民辯論中國哲學問題，否認中國哲學是無神論的說法。一六九七年，萊布尼茲在法國遇見一位來自中國的傳教士白晉，白晉長於天文、曆法，對中國的易經有深邃的研究，對詩經亦曾下過工夫，此後即經常與之通信，討論易經的問題，後來其對數觀念的修正即受易經原理的影響。一七〇三年，他從白晉處得到邵康節的六十四卦方位圖，及六十四卦次序圖，認為與他在一六七九年所發明的二元算術（Arithmetique binaire

---

7 參閱五來欣造著，劉百閔、劉燕谷譯，《儒教對於德國政治思想的影響》，長沙：商務印書館，民國二十七年四月，頁一七三。

ou dyadique）相合[8]。

　　萊布尼茲認為中國儒家所謂之「理」，即基督教所謂之「神」，即以「理神論」（Deism）來接受中國哲學。他的單極論（或單一論）（Doctrine of monandos）與儒釋道三家的「德性論」極為相似，他的自然神學、道德觀及政治觀皆受到中國儒學莫大的影響[9]，尤其易經中含蘊的宇宙理論與孔子以人為中心的倫理學說，更為其所接受。他和中國的哲人一樣，深信實際世界有其統一性，精神上有一種日新又新的進步，所以非常樂觀。以為宗教的任務在於創造知識，目的在於教成對社會有用的行為。他的君道論，好似完全由四書而來，主張「君主為人民而設，非人民為君主所有」；又認為道德律與自然律根本一致，有德者必知自然，樂自然；更認為道德與幸福是相應的，有德者必有福，道德是依神之所好而行，神的本意則在賜福於人類。如此，萊氏的道德觀與政治、宗教完全合而為一了，亦與儒家精神完全相合。[10]

8　同前註引書，頁二六四。
9　同前註引書，頁一八一～二四一。
10　參閱謝扶雅著，〈萊布尼茲與東西文化〉，《中國近代史論叢》，第一輯第二冊，台北：正中書局，民國六十七年五月，頁一五四～一五五。

　　他不但讚美儒教，同時還主張中西文化融合，居間作折衷的工作，他在晚年時，爲了溝通中歐文化，在柏林創建了「科學會」，這個學會不但出版關於中國文化的書籍，且培養蠶桑，爲研究中國文化及交換中歐學術的機構。一七七六年，中國天主教本身發生所謂「禮儀之爭」時，萊布尼茲在歐洲一直站在護衛中國文化的一邊。在這一年，萊布尼茲逝世，他雖然去了，但他思想的影響力卻仍然存在。法郎克（A.H.Francke, 1663～1727）和華爾富（Chistian Wolff, 1679～1754）兩大哲學家即受他的感化極大。

　　1.法郎克：頗受萊氏的影響，但他所注意的偏重在傳道事業，對於萊氏主張的中歐可以融合起來統一世界這點，似乎沒有見到。他於一七〇七年在哈爾（Hallo）地方設立了一個「東方神學院」，並有中國哲學研究科。

　　2.華爾富：爲萊氏的入室弟子，其哲學思想完全承襲萊氏，極其崇拜孔子，並極力提倡中國思想，其影響力甚至超過萊氏。一七二一年，他在哈爾大學講演中國的實用哲學，他認爲孔子的道德之說並不與基督教衝突，而同時又完全和自然道德相符，又說德行必須不悖人類的天性，中國人的道德和習慣既合乎人情，故非常

合理。當時德國當局認為他的演說近乎無神論，所以將他逐出境外，後為馬堡（Marburg）大學收容，至腓特烈大帝時才將他召回。

他對中國的教育非常推崇，他認為國家的主要責任，就是在學校中實施道德教育，中國人的教育就是這種理想的典型，他說中國教育分為大小兩級極為合理。幼童無理解力，特施以感覺的訓練而訴諸天良。大學則教以克己工夫，而以理性為德行的指導，藉以造成正己正人的人物。華爾富的弟子布爾芬加（Bulffinger, 1693～1750）和其他啟明時代的學者，對於中國先哲的政治和道德的融合一體，無不傾倒萬分，當時德國教育制度和農業的大形進步，就是受了這一派孔門哲學家的影響[11]。

於是，在萊布尼茲、華爾富等人的影響之下，遂發生了德國觀念論（即理性論）的正統哲學。大哲學家康德（Kant，1724～1804）就是華爾富的再傳弟子，由康德到菲希特（Fichte，1762～1814）、黑格爾（Hegel，1770～1831）、謝林（Schelling，1775～1854），有的以神為道德的存在（如康德），有的以神為普遍的自我

11　同註六引文，頁四二～四三。

（如菲希特），有的以神爲構成世界的統一的絕對觀念
（如黑格爾），總之，這種以「哲學的宗教」來代替正
宗的宗教，均不能不說是受中國哲學的影響[12]。

　　由上可知，十八世紀歐洲的「哲學時代」，實受中
國哲學的影響，尤受宋儒理學的影響爲大。

二、史　學

　　哲學思想之外，中國的史學也傳到西方來了。對於
研究中國史而富有成就的傳教士計有下列數人：

（一）法籍衛匡國（1614～1661）

　　撰有拉丁文的「中國上古史」（Sinieae historiae decus
prima），於一六五八年在慕尼黑出版，是敘述公元前中
國史最詳之書[13]。「韃靼戰爭記」（De Bello Jartarico
Historia）也是其名著之一，最爲史家所重視，一六五四
年在盎凡爾（Anvers），即是安特衛普（Antwerp）刊行，
此書乃依實際情況赤裸裸的記載明之滅亡，清之入關，
及其以後諸史的事變，雖不可全信，但多有足以補闕中

12　同註一引文，頁七五～七六。
13　參閱王懷中著，《中西文化交流的序幕》，台北：德育書局，民國
　　六十四年一月，頁一一一。

國史料的東西，這部書當時相當轟動，曾有英、法、德、意、荷諸國之翻譯本上市[14]。一六五四年，於羅馬刊行「中國耶穌會教士記略」（Brevis Reletio de numero & qualitate Christianorum apud sinas），於荷蘭出版「中國新圖」，（此為歐洲中國地圖有專書之始），對中學之西傳及當代西教史之研究有極大之貢獻[15]。

（二）法籍劉應（1656～1737）

劉應居留中國時，對於「禮儀問題」及中國歷史的研究最為注意，尤其傾心於從事古來雄視於北方的塞外民族歷史之研究。自己翻譯漢籍中關於匈奴、突厥、契丹、蒙古等等的記載，專在馬端臨的「文獻通考」的「四夷考」中尋求材料，又一併收集後世史家的考證，作成四冊稿本，即著名之「韃靼史」（Histoire de la Grande Jartarie），後收入多爾普羅（Bartheleny D'Herbelot，1625～1695）[16]編輯之「東方文庫」中（Bibliophegue

---

14　參閱石田幹之助著，張宏英譯，《中西文化之交流》，長沙：商務印書館，民國三十年二月，頁九四。

15　同前註引書，頁九四～九五。

16　多爾普羅為巴黎人，他精通阿拉伯、希伯來、波斯等語，是十七世紀東洋學史上的著名學者，其著名的著作《東方文庫》，是研究遠東歷史文物的良好材料，係採用百科全書體裁寫成。
　　同前註引書，頁一〇〇。

Orientale），更見重於當時。可惜他出入於「禮儀問題」的漩渦中，消耗相當多的時間與精力，否則史學方面的著述當不僅止於此。

（三）法籍馮秉正（1669～1748）

他在中國期間，主要的是從事中國歷朝興亡史的鑽研，造詣相當高，他精通滿文及漢文，奉康熙帝之命，用滿文翻譯朱熹的「通鑑綱目」，並將之譯成法文；另又翻譯明朝商輅等人的「續通鑑綱目」，補充宋末、元、明的史實。更依據東西典籍中之資料，加上自己的見解，追補明末清初之史事。書成之後寄回法國，於一七七七年至一七八三年在巴黎陸續出版，稱爲「中國通史」，計十二卷。此書一出，對於不懂漢文而治中國史的西方學者有莫大之幫助。除歷史而外，馮氏對於中國文字、藝術、科學、神話等，無一不精；對測繪中國各省的輿圖，貢獻尤大；中國思想的西傳，馮亦爲主要媒介人物，故方豪神父爲他寫傳時，稱他是「法國漢學的奠基者；今日法國在漢學上的地位，他的貢獻是不能埋沒的。」

17。

（四）法籍宋君榮（1689～1759）

為到中國的歐洲人中，最熟達漢文漢語、精通中國文獻者。其關於史學方面的著作有「蒙古史」（成吉斯汗及全元朝之歷史），「大唐史綱」及其附錄「中國紀年論」。他的蒙古史是根據明朝邵袁平的「元史類編」（續宏簡錄）而編著的。

三、美術 ── 羅柯柯風

十八世紀初年，法國在路易十四時代那種思想上和藝術上的嚴肅和拘謹，因法王的去世而得到解放。思想上的解放，至服爾德出，形成法國啟明運動的鼎盛局面；藝術上的解放，就是十八世紀風行德、法諸國的羅柯柯（Rococo）運動。在此運動之前，歐洲係籠罩在巴洛克（Barogue）作風之下。巴洛克作風乃是反文藝復興運動之美術，又名新專制式，初起於羅馬，力求恢復古帝國之莊嚴偉大，著意於富麗堂皇，惟缺乏生動與自由。到

---

17 參閱方豪著，《中國天主教史人物傳》，香港：香港公教真理學會，一九七〇年，第二冊，頁三〇七。

十七世紀末，巴洛克作風已不能適應歐人求新求變的要
求，於是乃有以反巴洛克作風為特色的羅柯柯作風應運
而生，並迅即風靡全歐，流行達八十年之久。此種富麗
新奇的藝術情緒，係受中國文化的影響，其美術裝飾，
乃脫胎於中國瓷器、漆器及絲織品等手工藝術。楊予六
先生在其「中國近代史」中曾言：「十七世紀末葉的歐
洲美術界仍為羅馬巴洛克式所統治，具有驕矜的意味和
權力的象徵，莊嚴而古板，而中國瓷器等藝術品所表現
的圖式和光彩，暗示出一種樂觀的人生。所以當時歐洲
上流社會對於中國的藝術品，無不傾倒萬分。」史學家
胡森（G.F.Hudson）更認為：「羅柯柯作風，乃由中國
直接假借而來，已為美術史家所承認。」[18]

　　羅柯柯作風的特點為變化多端，奇幻莫測，自由奔
放、生動活潑，力矯文藝復興以來崇規律而務整齊之弊，
故採用中國式柔和飄逸之曲線與橢圓形之細巧花樣。十
七世紀中國文化西傳後，於是有所謂中國趣味（Gout
Chinois）或中國風（Chinamode）之風尚流行起來，此
一作風影響極大，行之於繪畫則重清淡之色彩，建築上

18 參閱 G.F.Hudson 著，朱傑勤譯，〈論羅柯柯作風〉，《中西文化
交通史譯粹》，昆明：中華書局，民國二十八年十一月，頁一二一。

則力避銳角方隅而多用圓角，文學上則盛行精緻之小品，哲學上則樂用模稜兩可之名詞。

（一）繪　畫

歐洲受中國繪畫的影響，以山水畫及畫中人物為開端。被認為是羅柯柯作風的前驅者，達芬奇（De Vinci）和馬勃（Guneward mappe），作品皆受中國藝術的感染。達芬奇繪「蒙娜麗莎的微笑」（mona Lisa），背景採用中國山水，馬勃所作「聖安多尼之誘惑」（Jemptation of Saint Anthony），其一山一石之敷毫，皆為中國山水畫之畫法[19]。

至羅柯柯時代，法國最偉大的風景畫家瓦托（Watteau, 1684～1721），是第一個受到中國畫風影響的畫家。他的作品如雲似煙，雖施有各種色彩，亦幾乎融成一體，山色畫得極淡，且每隱入雲中。賴痕（Aaolf Reichwein）評其傑作「遠航」（Embarkation for Cythere）云：

---

19 參閱 Louise Wallace Hackney 著，〈西洋美術所受中國之影響〉，同前註引書，頁一五三。

> 「凡人對於中國宋代之風景畫研究有素者，一見
> 瓦托之作，必訝其風景之相似。但彼亦不能以人
> 力融合為一。其畫中遠山，猶保持作者之生命。
> 青峯縹渺，即本人之目亦未嘗見之，但甚類中國
> 形式。舵之尾艕作黑色，居然漵樣，而綴雲之法
> 亦然。夫風景畫用單色作煙雲，瓦托所慣為者，
> 亦中國山水畫最顯著之特色也。」[20]

　　其他如弗倫特（Frank E. Washburn Frend）有「綠野
長橋圖」，見之，如置身江南農村；柯仁（Robert Cozen）
之水彩畫帶中國風味；布胥（Bouche）以花鳥著稱；而
麻里斯（malisse）為印象畫派，專摹仿中國瓷器中之畫
風。梵谷（Van Gogh）學中國潑墨畫，頗有成就。十八
世紀之歐洲畫家，無論立體派、後期印象派、未來派、
漩渦派，皆受中國氣韻之影響。故服爾德在風俗論中，
至譽中國為藝術產生地，歌德（Goethe,1749～1832）亦
對中國繪畫大為讚美。

　　另一英國畫家高升（John Robert Cozens, 1752～
1799），亦華化甚深，其才華洋溢，深得中國宋代之單

---

20 同註十八引文，頁一三四。

色山水畫家相傳之畫理畫法之薪傳。論者謂其「美術之成績,其佈景、其格調、其感情之緊張,其表演之方法直接而簡樸,與其謂近於歐洲初期之山水畫,無寧謂爲近於盛傳之中國山水畫耳」。賴痕在其書「十八世紀中國與歐洲之理智的及美術的接觸」中有云:

> 「水彩應時而興,施於山水,動合自然。山水畫家第一個用此種媒介物者,則爲英人高升。其設色山水可謂與中國繪術和合無間,詢足令人驚異。高升畫地則用棕灰之色,復用藍、紅二色以烘光,又能以中國墨打稿。他以毛刷蘸色及墨,非用筆也,但其技巧與中國山水畫法相當。……水彩畫發展之初期,多用中國墨者,在羅柯柯時代,愈覺其精緻有味也。」[21]

其生時雖未成大功,而死後之影響絕大。康斯塔布爾(Constable)、騰納(Turner)、囂斯(Hughes)諸畫家對其作品推崇備至,讚譽有加,囂斯更云:「風景畫第一次在英國藝術中佔有地位而成爲表現之完全及獨

---

21 同註十九引文,頁一五四。

立的媒介，實經其手。……其成功影響所及，在英國美
術上功自不磨云。」

（二）建　築

由於羅柯柯運動崇尚自然的美，不事刻板的藝術，
乃使歐洲園林的風趣，為之大變。此種新式園林，初見
於英國，所以中國式園林亦稱為中英式園林（Anglo-
Chinese Garden）。

1.英　國

首先把中國園藝知識傳入英國的，是法籍傳教士巴
德尼（Attiret），巴德尼是清廷畫苑中的畫工之一，有
出入宮禁的機會，故對中國園林的內情相當熟悉。在其
致歐洲友人的書信中，描述圓明園的風景，指出中國園
林的特色，一在運用人工以迫近自然，二是園景之變化
無定，主要在令人怡悅，後來這篇報導就成為歐洲人所
具中國園林知識的淵源。一七一二年，英國文學名家愛
狄生（Addison）在「旁觀報」上討論園藝藝術，說中國
人常講我們園林的樹木，行列過於整齊，為盡人能為之
事，他們說戶外環境應任其自然，不宜再加美術的工作。
同時文學名家波伯亦抱同樣見解，於是兩人都改造其原

有的花園。此後，此種新式的園林頓成風尙，英國舊式之花園一時絕跡。一七七二年，曾經到過中國的英國園藝建築專家張伯爾士（Sir William Chambers, 1726～1796），著「東方園藝論」（Obseroation On Oriental Gordening）（此書對英國十八世紀中葉興起的中國園林運動影響很大），以爲中國園林之所以可貴，在能於多方變幻的美麗中，保存整體的合諧，使知識情感，俱得滿足。[22]他即以此種理想，爲肯德公爵（Duke of kent）建造了歐洲第一個中國式花園，名爲述園（Garden of kew），園中假山、瀑布、曲水、叢林及九層高塔皆爲仿中國方法築成。此園完成後，馳名歐陸，終成爲當時荷、法、德諸國的模範。

2.法　國

　　法人浩爾巴克（Holback）對新式園林頗多研究，曾親自旅行英國，回法後盡力宣揚，羅蘭夫人（Madame Roland）興趣尤爲濃厚，造園藝術不久之後就付諸實行。首先是舒塞公爵（Duck de Cheiseul）聘建築師類卡姆（Le Camus）花了兩年多的時間（一七七五～一七七八）建

---

22 參閱陳受頤著，〈十八世紀歐洲之中國園林〉，《中國近代史論叢》，台北：正中書局，民國六十七年五月，第一輯第二冊，頁一七二。

造了一座七層浮屠，塔高一百六十英呎，塔尖有金色的圓珠。一七八二年，海軍理財長鮑達爾（Beaudard）繼起仿效，特請貝朗葉（Belanger）建築園林宅第，園中有橋，涼亭及小艇。貝朗葉也曾在自己的家園裏，爲他的夫人建了一所中國式的出浴亭。

除了貝朗葉外，園藝師或建築師在法國爲中國園林努力者尚有多人，如建築師利那兒（J.A.Renard），他曾任法國王室的營造總監，在亞爾敏維耶園（Jardin de Arminvilliers）建了二所中國亭：一座方形，一座圓形。還造了一座樓臺，四面繞著湖水，有一座小橋通到外方。又曾爲貝奈文親王（Beneven）築了兩座中國式的橋，嫵媚多姿，工巧入微。[23]

3.德　國

德國直到一七七五年以後，才普遍有中國園林之興味。此種新式園林，以卡塞爾（Kassel）伯爵在一八七一年所經營的中國村的規模爲最大。這個村造在威廉湖濱，一切設施計畫，都以張伯爾士的學說爲標準，村在古湖南，村屋都依照中國屋式，多數是一層的。村名叫木蘭（Maulaug）－假擬的中國名字，村後靠山，山上

23　同前註引文，頁一七八～一八二。

的流水名曰吳江（Hu king），村中共有中國式建築十二種，村人除耕種外，並經營牛乳事業。村中有橋，名「鬼橋」，全用木造，樣子是模仿中國木橋。一七七八年，又在村外加種桑樹。

德國人不但仿造中國園林，且在理論方面亦有特殊的貢獻。路特維・恩則（Ludwig Unzen）在一七七三年出版「中國園林論」，他說中國園林中的蛇形曲線，實為高尚心理的表現，比直線富有生命，不但用於園徑與山路，也應用在山谷、溪流、岩梯和橋樑上。又喜用鮮明的顏色與深沈的顏色相配，簡單的形式與繁複的形式相配，雖然各部彼此互異，而全局的結果卻異常愉快、和諧。最後並認為：除非以中國園林為模範，我們的園林不會達到盡善盡美。另一基爾大學（Kiel）的美學教授黑爾希菲爾特（Hirschfeld），對於中國園林亦大為讚賞。他以為園林的用處，全在喚起感情；高山使人驚詫，幽谷使人恬靜，瀑布使人恐懼，並認為當時人們所要求的，並不是依照他們的理想而造成的園林，乃是中國的或中英的園林。[24]

總之，中國園林之風行歐洲，使得中國建築、中國

---

24 同前註引文，頁一八三～一八四。

繪畫等藝術亦受到廣泛的注目與讚美。

（三）工　藝

1.磁　器

　　中國藝術影響歐洲最深的，首推磁器。磁器在歐洲於十七世紀就已經可以製造了，但是極少，至十八世紀以後，產量才急速增加，這與飲茶風氣的流行有直接的關係，而飲茶之風係根源於中國。此後，磁器才由純粹的裝飾品轉變爲實用品。

　　十六世紀末葉意大利佛羅倫斯（Firen-Ze）已有模製硬質而有透明釉的中國磁器出現，技術相當進步。隨後，荷蘭亦興起此業，在德佛特（Delft）大產磁器，在十七世紀中葉，荷蘭已有領導歐洲窯業之勢，其他各國，皆取法於荷蘭。最先而且最能傳承荷蘭進步技術的是法蘭西，內維爾（Nevers）、盧昂（Rouen）、聖俄墨（St.Omer）等處爲產磁中心；繼之，德意志的製磁業也勃興了，努連堡（Nurnberg）、佛爾達（Fulda）、拜壘特（Bayreuth）爲其中心地。一七〇九年，柏特協（Bottger）在德勒斯登（Dresden）開始成功的燒成純粹磁器，這是歐洲工藝史上，值得記述的大事。柏特協是從柏林逃到德勒斯登

的鍊金師，受到薩克森（Saoen）王奧古斯都（August）的保護，誓言要製出磁器，終於排除萬難而成功。一七一七年，青磁的製出也成功了，德意志邁仙（Meissen）的窯業乃稱霸於歐洲。

　　當時西歐諸國對於磁器相當愛好，除了本身製造磁器外，尚由中國及日本輸入磁器，有些商人從中國求得價廉的染磁，將之加以赤金等色而再燒之，號爲「有田燒」，從中獲取厚利，亦頗得一般人之歡迎。總之，不論那一種，遠東的磁器，是羅柯柯的寵兒，成爲會客室（Salon）生活中，不可缺少的東西。

2.漆　器

　　其次是漆器。漆器與瓷器同樣受到歐洲人的歡迎。十七世紀中，法蘭西的宮庭裏，已購得相當多的中國漆藝品，如精巧的泥金畫漆的小箱，化粧櫃子等。一七〇一至一七〇三年，那艘搭載許多法國學僧航行到中國的法國船 Amphitaite 號，於其復航之際，輸入了相當多的中國漆器，因此，有一時期，歐人將所有的漆器都呼爲「Amphilaite」漆器。在路易十四時代，優雅珍貴的漆器僅爲富有階級所獨占的珍品，於十八世紀後，則成爲觸目皆是的日用器物了。

　　當時的漆工，以法蘭西最為著名，優秀的作品，皆出於馬丁（Martin）一族之手，其中以羅伯（Robert）最擅此技，而得到蓬巴度夫人（Madame Pompadour）的殊遇，他的名聲，遠播四方，服爾德曾賦詩激賞其技。伯倫瑞克（Brauns chueeing）的漆工斯托俾圭沙（Stobwasser）也是當時相當有名之漆工，此技術後來逐漸傳於英吉利、荷蘭、意大利，都留有相當的作品，幾乎與磁器的情況一樣。

3.絹布刺繡

　　中國絹，從古希臘羅馬起，就為人所重視，亦為人所讚美，但直至中世紀，仍僅僅為南歐一部分王侯貴族之嗜好而已。十七世紀，跟著東方貿易的發展，絹之輸入頓盛，十八世紀以後，輸入更多，當時法蘭西完全圍繞於絹織物流行的風氣之中，巴黎逐成為歐洲絲織品的中心。含有中國趣味的絹織品，也被一般人用來作為服飾的材料，因此這種風氣逐漸傳遍全歐。

　　除絹布之外，刺繡之類的中國東西，也為人所歡迎，並對歐洲刺繡的方法產生了相當大的影響。例如：在Alair 附近興起的 Floss silk 之法,豐富地使用金絲銀絲，縱橫驅使短繡（Short stitch）等等，這些是它的特色，

都可以看做是受了中國的影響。[25]另外，中國的梔子與其他各種新染料，也隨之傳入歐洲來了。

4.壁　紙

中國壁紙輸入歐洲之後，到了十七世紀末，法蘭西的佩匹倫（Jean Papillon）已成功的製成了倣製品，其後勺服（Jacque Chauveau）、休志安（Jean Gabriel Hugien）亦為製壁紙名工。此技術傳入英吉利之後，更為發達進步，薛林漢（Sherringham）工廠製出的產品，異常優良，不但是壁紙，連壁布（絹布、棉布）亦可製出，大量供應市場。布里伊爾（Briere）、羅塞第（Rosetti）、包羅（Boileau）等等都是此間名工。到十八世紀中葉，英人蘭可克（Lancoke）在巴黎建立工場，才使優秀製品的供給，逐漸豐富。於是含有中國趣味之壁紙的使用，才廣及各地，又擴及社會各階層。但整個歐洲之普遍使用壁紙，則是法國大革命之後的事[26]。

5.其他日用器物

除此之外，歐洲的屋內裝飾，也大受中國影響。羅柯柯的門楣窗戶，仿用中國格子，此種格子式的裝飾，

---

25 同註十四引書，頁一三〇。
26 同前註引書，頁一二八～一三一。

後來被應用到傢俱上。中國轎子，在十七世紀初年就傳
到歐洲，到了十八世紀風行一時。中國式的茶店和茶室
亦開設很多。皮影戲亦流行於當時。總之，十八世紀時，
歐洲人的生活和情緒，上自宮廷建築，下至尋常娛樂，
幾無一不受中國的影響，故有人說：「歐洲倘無中國藝
術的影響，恐不能產生羅柯柯的美術」。

四、教育 ── 中國考試制度之西傳

中國保舉及考試品德優秀人才的制度，創始於西漢
文帝十五年（西元一六五年），自此以後，筆試及口試
均續有舉行。到唐高祖武德五年（六二二年）以後，才
有每年一次或每三年舉行一次的公開考試。自宋英宗治
平三年（一〇六六年）起，才規定每三年舉行一次京城
的會試及附帶舉行的殿試，至明太祖洪武三年（一三七
〇年）以後，這種考試制度又曾加以調整，即凡參加縣
試及格者稱為秀才，參加省會考試及格者曰舉人，參加
京城考試及格者謂之進士。這三種榮銜大體上相當西方
國家的學士，碩士及博士學位。至清德宗光緒三十一年
（一九〇五年）才勅令廢止。民國以來考試仍常舉行[27]。

27　參閱鄧嗣禹著，《中國考試制度西傳考》，台北：中央文物供應社，
　　民國四十二年六月，頁四。

　　至於歐洲，到西元一二一五年以後，才開始有口試。十六世紀以後，來華的傳教士、商人、遊客及外交官，常以其所見著為文章或書籍，在這些著述中，常將中國的考試制度加以詳細介紹。因此至一七〇二年才開始有筆試，一七四七年才有數學科的榮譽畢業考試，一八〇二年才真正有學士學位的考試，一八二一年才有其他學科的榮譽畢業考試。歐洲的學校考試至十八、十九世紀才趨於發達。正式的文官考試制度，法國係於第一次革命，即一七九一年開始採行，德國則約于一八〇〇年左右，英國則在一八五五年。這都受到中國考試制度相當大的影響。故十九世紀有一位作家曾如此說：「凡是歐洲的讀書人都知道有一種根據中國制度而制定的考試制度；如果說從一百五十年前的耶穌會士一直到今天的漢學家－所有研究中國的諸作家都看不到這種制度的後果，那是簡直不足信的。」[28]

　　法國學者布倫退爾承認法國教育實在是奠基於中國公開的學術的考試制度之上，並認為法國文官考試制度的思想無疑的也淵源於中國。

　　英國的思想家，如十八世紀上半期的蒲德長、賈德

---

28 同前註引書，頁二八。

費等人亦認為中國的學術考試制度與公共監察制度值得仿行[29]。

甚至美國的文官考試制度也間接、直接的受到中國的影響[30]。

五、文　學

歐洲人在十七世紀以前，對中國的印象，不出「馬可孛羅遊記」中所述的範圍。及至耶穌會士陸續東來，並經由通訊函札或譯著介紹中國之後，歐洲人對中國的觀念才有了改變。由於中國文化西傳的結果，十八世紀的歐洲，已在哲學、政治、藝術等方面顯示出了中國思想的影響，同樣的，十八世紀的歐洲文學領域裏，也因中國思想的投入而掀起了陣陣漣漪。

29　參閱宋晞著，〈中國文化對世界的貢獻與影響〉，《東西文化》，第十八期，頁一四。

30　一八六八年五月，羅得島的任克斯（Thomas A. Jenkes）呈送到美國眾議院的報告書中，有一章係討論「中國之文官制度」。一八六七年十月號的北美評論（North American Review）表示很相信中國的考試制度。一八六八年五月，波士頓城歡宴中國使館的外交官員時，愛默生（Emerson）曾讚揚中國之考試制度及中國人之尊崇教育。一八六八年十月，北京同文館館長馬丁（Dr. W.A.P.martin）曾在波士頓的「美國東方學會」報告一篇論文，題為「中國的競爭考試」。直到一八八三年，改革文官制度的法案才獲得通過。
同前註引文，頁一四～一五。

（一）法　國

首先是元曲「趙氏孤兒」的西傳。法籍耶穌會士馬若瑟發現了「趙氏孤兒」的道德與藝術價值，乃將之譯為法文，交由教士第巴洛西（Dubrossy）帶回法國，當時杜赫德正在編著「中國通誌」，於是將它收入新著第三卷，於一七三五年（清雍正十三年）在巴黎出版。不意「趙氏孤兒」竟因此而轟動，成為十八世紀歐洲文學中的寵兒。

法國大文豪服爾德為了使「趙氏孤兒」更能表現中國戲劇勸善懲惡的哲學，花了兩年時間，改編成「中國孤兒」劇本（Qrphenlin de la Chine）並於一七五五年八月在法蘭西劇院（Comedie Francase）公演，他曾寫了一篇文章闡明此劇的主旨。他說：「……韃靼在十七世紀初征服中國已是第二次的侵入了，卻同第一次是一樣的結果：征服者反同化於被征服者，合為一個民族，同受世界上最古法律的支配，這是值得注意的一種現象。本劇的主旨就在闡明此點。」

服爾德將原作中的時代和主角都更換了，把春秋時

代晉國的史事變成韃靼人覆滅明朝的虛構故事，他極力
闡揚中國的道德，希望法國人能從此劇中領會中國人的
道德生活，同時他也藉此劇來反駁自然主義者盧梭那句
「科學與美術足以破壞道德」的話。他的深意，並未為
一般人所了解，但由於此劇本的出版，卻使他的聲名更
為遠播，也引起了各國第一流文學家、劇作家的仿作與
改作，使「中國孤兒」的足跡，幾乎踏遍全歐－雖然它
已被改頭換面，不復原來的真面目了！

（二）英　國

原來以法國為中心的歐洲華化興味，很快的也傳到
了英國。在十八世紀以前，英文學界即有多人喜歡以中
國事物做材料來寫作，如布朗（Sir Thomas Brorone），
因讀過許多耶穌會傳教士的書信而在他的著作裏可看到
許多關於中國的事。散文家波頓（Robert Burton）對中
國文化相當注意。十八世紀初，散文家愛狄生（Joseph
Addison）看過許多關於中國的記載，因此他發表的短文
裏，提及中國的地方甚多，像中國婦女的纏足，中國的
萬里長城，以及中國人「孝」的觀念。詩人蒲伯（Alexander
Pope），是十八世紀英國詩壇的領袖，他推崇理智，主

張內心要樂天安命，對於孔子非常景仰[31]。還有文學家
高史密斯（Goldsmith），著有「中國通訊」（Chinese
Letters），與帕爾思（Thomas Percy）的「中國雜記」
（Miscellaneous Pieces Relating to Chinese）集印爲「世
界公民」（Citizens of the world），是英國十八世紀文
學中以中國材料爲背景的主要作品。其他如天樸爾
（William Temple）、丁達爾（Matchew Tindal）、華頓
（William Wotton）、尼可斯（William Nichols）等人，
在其作品中也或多或少閃爍著中國興味的色彩。[32]

　　英國文學的華化興味中，最顯著的兩件事是：「中
國孤兒」的流傳與「好逑傳」的英譯。

　　「中國孤兒」在英國，有兩種仿作。一是威廉哈察
特（William Hatchett）於一七四一年傲作的，原劇中的
時間與人物都被改變，如屠岸賈（Tungancu）變成了高
皇帝（Kiohamti），韓厥（Hangue）變成了吳三桂
（Qusanguee），公孫杵臼變成了老子（Laotse），趙氏
孤兒變成了康熙（Camhi）。另一種仿作是墨爾非（Arthur
Murphy）於一七五九年出版的。墨爾非是個最足代表十

---

31 同註二引書，頁三一八～三二〇。
32 同註十三引書，頁一二六。

八世紀下半期的戲劇傾向的作家，「中國孤兒」是他的
重要改作之一。他是根據服爾德的「中國孤兒」改作的，
改變了角色，改變了動作，還增加了孤兒最後親自復仇
大團圓的事實。他的改作於一七五九年初演於倫敦，反
應極佳，初版及再版都在同年內售罄，「中國孤兒」遂
流行一時。[33]

　另一部篇幅甚長的中國純文學作品「好逑傳」，也
與「中國孤兒」一樣是歐洲文學園地中最受歡迎的東方
作品。「好逑傳」又名「俠義風月傳」，是明代的言情
小說，描寫鐵中玉和水冰心的愛情故事。一七六三年，
首次由帕爾思（Thomas Perey）翻譯為英譯本，一八二
九年，戴維斯（J.Francis Davies）又再重譯，於是這部
中國故事就長此活躍在英國的文學史上了。一七六六
年，此書的法文重譯本出現於里昂（Lyon），德國重譯
本出現於萊比錫（Liepzig），一七六七年，荷蘭重譯本
出現於阿姆斯特丹（Amsterdam），從此全歐風行。

（三）德　國

　在十八世紀的德國文學家中，歌德（Goethe, 1749

33　參閱陳受頤著，〈十八世紀歐洲文學裏的趙氏孤兒〉，《中歐文化
　交流史事論叢》，台北：商務印書館，民國五十九年四月。

～1832）是與中國文化接觸較多的一位。歌德生於一七四九年，他的青壯年時代，正是中國文化對歐洲影響最多的時代，因此，自幼年起，就對中國有所認識。但是他早年所見的，只是中國文化的外表，到了晚年，才認識中國文化的真精神。

一七八一年，他開始編寫「愛爾彼諾」（Elpenor）劇本，據考訂，此劇本乃依據「趙氏孤兒」而來，可說是「趙氏孤兒」的改作。大約在一八一五至一八二八年之間，他對中國文學發生了更爲濃厚的興趣，在這段期間，他讀過的中國文學作品約有下列數種：

1.老生兒

2.趙氏孤兒大報仇

3.好逑傳

4.玉嬌梨

5.花箋記

6.百美新詠

在他的其他著作中，也不時流露出對中國的情感和意見。他的「情感之勝利」（Triumph of Sentiment）一書，有著對中國詩歌和建築的批評；另一本 Chinesisch dentoche Johres und Tagesyeiten，則以中國的「花箋記」

為藍本；而他的傑作「浮士德」（Faust）第二闋中所說的「結晶的人類」（Crystalliyed Humanity），指的就是中國。[34]

　　歌德於一八三二年去世，他的精神沒有人繼承下去。因此，歐洲人賞識中國的文化，到歌德時代而成熟，亦就到了歌德時代而衰落。

（四）意大利

　　英國文學家天樸爾寫過一篇雜文，題為「英雄的道德」（Of Heroik Virtue），內容在表達他對中國孔子和中國學術的景慕之情。此文不但啟發了英國「英雄詩劇」的出現，更影響到意大利詩人梅他士達素（metastasio）「中國英雄」（L Eroe Cinesi）的創作。梅他士達素是十八世紀中葉，歐洲藝術界的知名之士，他以歌劇作家的身份，遍謁數國君主，並得到他們的寵幸。他從杜赫德的「中國通誌」中讀到「趙氏孤兒」的故事，加上天樸爾「英雄的道德」的啟發，於一七四八年開始，從事「中國英雄」的創作。他筆下的英雄就是孤兒。[35]這是一部

---

34 同註十三引書，頁一二三。
35 同註三十三引書，頁一四五～一八〇。

抒情歌劇，雖然並無特別值得稱道之處，但由於這部歌劇的出現，足以證明十八世紀的中葉，中國興味（Chinoiserie）已發展到了南歐。

　　然總而言之，中國文化對歐洲文學的影響是零星的、膚淺的，大抵是因一時的好奇心理所使，捕捉到的，也只是中國通俗文學裏的一鱗半爪。中國文學的境界與成就，直到現在，仍不易為西方人所瞭解和欣賞。

柒、結　論

　　十六、七世紀之交，歐洲耶穌會士為達傳教目的而兼輸入西方學術，此新奇而實用之西方科學，為部分士大夫所接受，於是東西文化首次有大規模之接觸。同一時期，中國經籍與思想亦由此輩教士輸入歐洲，促使中西文化交流，且互為影響，這誠然是世界史上最值得紀念的一件大事。然而在中西文化交流聲中，西方科學的輸入，雖曾給予中國以近代化的大好機會，但最後終未能造成中國科學之進步與發達，坐失維新之機會，追究其原因，不外四點：

　　一、當時西方所已發明的學術，未能完全輸入，輸入者當屬有限。

　　二、輸入之科學為零星的，並非完整而有系統的介紹。

　　三、由於輸入學術者與求學者之宗旨，根本不在於

學。西洋教士入中國，其目的在傳教，而輸入學術不過為其接近社會之方法；中國政府只以改良曆書為目的，而學習西算及其他科學不過是偶然附及之事。

四、西學輸入後，並未為一般人所接受。當時一般士大夫多思想保守，頭腦頑固，華夷之見既深，名教觀念尤濃，自無從領會以科學精神為其骨幹之近代西洋文化。

同樣的，十八世紀的西方社會，雖然整個籠罩在中國興味之下，不論文學、美術、哲學、史學皆受中國之影響甚深、甚大，然其興也驟，其逝也速，僅半個世紀之後，此種風靡全歐的風氣即隨著歐陸政治情勢的變化而煙消雲散。其所以在短時間之內即告衰落，探討其原因，亦可得三點結論：

一、耶穌會被解散的影響－耶穌會士東來傳教，實為中西文化互相傳播的媒介。但自「禮儀問題」發生後，基督教各派間，對於允許中國信徒拜天、祭祖和祀孔諸問題，發生很激烈的爭執。結果，教皇認為道明會的意見較為合理，下令禁止祭祀，清廷乃仇視耶穌會以外的教士，不准在華傳教。至一七六二年（乾隆二十七年），法國驅逐耶穌會士，一七七三年（乾隆三十八年）教皇

也下令解散該會。於是中國文化失去了一有力的傳播
者，而歐洲人對中國文化的熱情和興趣，旋也因好奇心
的消失而減退。

二、資本主義與功利主義的作祟－十八世紀末，歐
洲產業革命開始，重商主義發展成爲資本主義，資產階
級的大商富賈漸佔上風，他們對於中國文化所見本極有
限，先前的懷疑態度，至此乃得發洩；對於中國文化一
知半解的英法東方學者亦乘機痛詆中國文化；而世界史
提及中國者亦祇是商品出入的報告。商業的利害關係統
制了歐洲人的心理，而已認爲中國非一文明古國，僅是
一頭等的商業市場。中國文化在功利主義者心目中，已
不復有重大的價值了。

三、希臘文化在歐洲的復興－十八世紀末葉以後，
希臘文化在歐洲又告復興，西方思想的動向轉變，中國
文化在歐洲的地位遂一落千丈。這是因爲十八世紀中葉
歐洲學者過份熱愛中國文化，而漠視希臘文化，於是乃
有費內龍（Tenelon）[1]式的知識分子，起而詆毀、中傷

---

1 費內龍，生於一六五一年，卒於一七一五年，爲法國大主教，他在
　少年時代就已崇拜希臘文化，到了晚年，他覺得要救歐洲，非從古
　代希臘文化中去求良藥不可，他曾作〈死人對話〉一書（Dialogues des
　Morh），作了一大段孔子與蘇格拉底的對話，假託蘇格拉底來表明

中國，此種排拒中國文化的潛意識，至一七七八年德國
哲學家梅納斯（Christoph Meiners）而暴露無遺[2]。一般
人遂隨聲附和，無法辨認其見解的錯誤。

　　基於上述三點原因，於是百年來作為世界文化中心
的中國文化，到此不得不讓位於希臘文化了。

　　然，總而言之，明萬曆年間至清乾隆中葉來華傳教
的西洋教士，他們對中國的貢獻是不可抹煞的。他們輸
入西方學術於中國，雖然其間曾經遭遇若干的阻難與頓
挫，但大致來說，仍是相當成功。他們開啓了中國人的
眼光，使中國接觸西方科技之長，奠定了中國近代化的
基礎。遺憾的是雍正與乾隆皇帝的禁教，西學中斷，使
得中國的近代化剛剛萌芽即遭扼殺，從此中西文化的連
繫斷絕，東西方的隔閡日益加深，乃伏下日後帝國主義
者的入侵。而這段時期（十八世紀和十九世紀前期），
正是歐洲歷史上進步最速，變化最大的時期。產業革命，

他自己反對中國的態度。
　　參閱何炳松著，〈中國文化西傳考〉，《中國近代史論叢》，台北：
正中書局，民國六十七年五月，第一輯第二冊，頁四十七。
2　他曾說：「在亞歷山大以前數百年，中國竟有這種著作，其精神的
超越，真確、高貴、偉大，雖在羅馬的傑作中亦所罕見。而且其宗
教的、道德的、哲學的理想，除基督教經典外竟都足以位居首席，
真是『豈有此理』了」。這可說是藐視中國文化論調中的代表。同
前註引書，頁五十九。

交通革命，美、法兩國的革命及哲學、政治、經濟、科學上的新理論、新思想、新發明蜂湧而起，其成就與發展對於人類日後的精神及物質生活具有絕大的支配力量[3]。倘若當時的西方學術仍能不斷的進入中國，明清之際西洋文化在中國興盛的情形能長久保持，中西了解必然愈深，中國情勢必大不同，中西間誤會將可避免，衝突將可減少，中國的近代化亦可能順利達成，而中國百年後的命運也將改寫了。

3　參閱郭廷以著，〈中國近代化的延誤〉，大陸雜誌，第一卷第二期，頁八。

參考文獻

一、中文部分

（一）史　料

《天主教東傳文獻》，台北：學生書局，民國五十四年
　　十一月。

《天主教東傳文獻續編》，台北：學生書局，民國五十
　　五年五月。

《天主教東傳文獻三編》，台北：學生書局，民國六十
　　一年一月。

《四庫全書提要》，遼海叢書社據文溯閣本排印。

北平故宮博物院編，《康熙與羅馬使節關係文書》影印
　　本，民國二十一年。

利瑪竇著，《利瑪竇奏疏》，古抄本。

沈潅等著，《南宮署牘》，新會陳氏勵耘書屋藏本。

姜紹書，《無聲詩史》，畫史叢書（二），台北：文史

哲出版社，民國六十三年。

張廷玉等編纂，《明史》，藝文書局據清乾隆武英殿刊
　　本影印。

《教案奏議彙編》，台北：台聯國風出版社，民國五十
　　九年三月。

鄒一桂，《小山畫譜》，美術叢書初集九輯，台北：藝
　　文出版社，未署出版年代。

顧起元，《客座贅語》，金陵叢刻本，中研院傅斯年圖
　　書館藏本。

（二）叢　書

《中西文化交通史譯粹》，昆明：中華書局，民國二十
　　八年十一月。

《中歐文化交流史事論叢》，台北：商務印書館，民國
　　五十九年四月。

包遵彭主編，《明史論叢》，台北：學生書局，民國五
　　十七年八月。

包遵彭、李定一、吳相湘編纂，《中國近代史論叢》，
　　台北：正中書局，民國六十七年五月臺六版。

吳相湘著，《近代史事論叢》，台北：文星書局，民國

五十四年。

沈雲龍主編，《近代中國史料叢刊》，台北：文海出版
　　社，未署出版年代。

黃賓虹、鄧實主編，《美術叢書》，台北：藝文出版社，
　　未署出版年代。

（三）專　著

王治心，《中國基督教史綱》，香港：基督教輔僑出版
　　社，一九五九年。

王萍，《西方曆算學之輸入》，台北：中央研究院近代
　　史研究所，民國五十五年八月。

王懷中，《中西文化交流的序幕》，台北：德育書局，
　　民國六十四年一月。

方豪，《天主教史人物傳》，香港：香港公教真理學會，
　　一九六七年。

方豪，《中西交通史》，台北：中華文化事業出版社，
　　民國五十七年七月四版。

方豪，《方豪六十自定稿》，台北：學生書局，民國五
　　十八年。

五來欣造著，劉百閔、劉燕谷譯，《儒教對於德國政治

思想的影響》，長沙：商務印書館，民國二十七年
　　四月。

石田幹之助著，張宏英譯，《中西文化之交流》，長沙：
　　商務印書館，民國三十年二月。

史景遷（Jonathan D.Spence）著，陳恒、梅義征譯，《利
　　瑪竇的記憶宮殿》，台北：麥田出版社，二〇〇七
　　年十月。

向達編，《中西交通史》，上海：中華書局，民國二十
　　三年。

何健民，《中國近代史》，台北：三民書局，民國四十
　　七年十一月。

何芳川、萬明著，《古代中西文化交流》，台北：台灣
　　商務印書館，一九九三年十月。

沈福偉著，《中西文化交流史》，上海：上海人民出版
　　社，二〇〇六年七月。

李天綱著，《湯若望在中國的日子》，台北：光啓文化
　　事業出版社，二〇〇八年十一月。

何創時書法藝術基金會編，《紀念利瑪竇逝世 400 週年
　　－利瑪竇時代及其友人書跡展》，台北：天主教輔
　　仁大學，二〇一〇年四月。

周億孚，《基督教與中國》，香港：基督教輔僑出版社，
　　一九六五年七月。

韋政通，《中國文化概論》，台北：水牛出版社，台北，
　　民國五十七年六月。

徐宗澤，《明末清初灌輸西學之偉人》，上海：土山灣
　　印書館，民國十五年。

徐宗澤，《中國天主教傳教史概論》，上海：土山灣印
　　書館，民國二十七年十一月。

徐宗澤，《明清間耶穌會士譯著提要》，台北：中華書
　　局，國四十七年三月台一版。

夏伯嘉（R.Po- Chia Hsia）著，向紅艷、李春園譯，《利
　　瑪竇－紫禁城裏的耶穌會士》，上海：上海古籍出
　　版社，二〇一二年四月。

張星烺編著，《中西交通史料彙編》，北平：輔仁大學
　　圖書館，，民國十九年五月。

陳登原，《中國文化史》，台北：世界書局，民國三十
　　六年二月。

陳香伯，《公教論》，上海：商務印書館，民國三十六
　　年二月再版。

梁啓超，《中國近三百年學術史》，台北：中華書局，

民國六十七年九月台九版。

梅謙立（Thierry Meynard）著，《耶穌會的北京導覽－
　　天主教與中國文化的相遇》，台北：光啓文化事業
　　出版社，民國九十六年九月。

黃伯祿編，《正教奉褒》，上海：土山灣印書館，光緒
　　二十年。

費賴之（Aloys Pfister）著，馮承鈞譯，《入華耶穌會士
　　列傳》，台北：商務印書館，民國四十九年十一月
　　台一版。

裴化行（Henry Bernard，S.T.）著，蕭濬華譯，《天主
　　教十六世紀在華傳教誌》，台北：商務印書館，民
　　國五十三年二月。

喬治・鄧恩（George H.Dunne）著，余三樂、石蓉譯，
　　《巨人的一代（上）── 利瑪竇和他的同會兄弟
　　們》，台北：光啓文化事業出版社，二〇〇八年三
　　月。

喬治・鄧恩著（George H.Dunne），余三樂、石蓉譯，
　　《巨人的一代（下）── 湯若望的成就以及禮儀之
　　爭面面觀》，台北：光啓文化事業出版社，二〇〇
　　八年三月。

楊森富，《中國基督教史》，台北：商務印書館，民國
　　五十七年六月。

熊光義，《耶穌會的教育法》，台中：光啓出版社，民
　　國五十四年四月。

鄧嗣禹，《中國考試制度西傳考》，台北：中央文物供
　　應社，民國四十二年六月。

德禮賢，《中國天主教傳教史》，台北：商務印書館，
　　民國五十七年六月。

蕭一山，《清代通史》，台北：商務印書館，民國五十
　　四年二月。

稻葉君山著，但燾譯，《清朝全史》，台北：中華書局，
　　民國六十六年十二月臺四版。

穆啓蒙（Motte Joseph）著，侯景文譯，《天主教史》，
　　台中：光啓出版社，民國五十五年二月。

蕭若瑟，《天主教傳行中國考》，河北獻縣：勝世堂，
　　民國十二年。

賴詒恩（Thomas Ryan S.J.）著，陶爲翼譯，《耶穌會士
　　在中國》，台中：光啓出版社，民國五十四年二月。

燕鼐思（J.Jennes,C.I.C.M）著，田永正譯，《天主教中
　　國教理講授史》，台北：華明書局，民國六十五年

八月。

蕭公權，《中國政治思想史》，台北：中華文化事業出
版社，民國五十七年五月。

羅光，《利瑪竇傳》，台中：光啓出版社，民國四十九
年十月。

羅光，《教廷與中國使節史》，台中：光啓出版社，民
國五十年。

羅光主編，《天主教在華傳教史集》，台南：徵祥出版
社，民國五十六年一月。

羅仕杰編著，《東西文化交流史》，台中：天空數位圖
書有限公司，二〇一一年八月。

顧保鵠，《中國天主教史大事年表》，台中：光啓出版
社，民國五十九年十二月。

（四）專　文

方豪，〈伽利略與科學輸入我國之關係〉，《方豪六十
自定稿》，台北：學生書局，民國五十八年十二月，
頁六三～六七。

方豪，〈明清間西洋機械工程學物理學與火器入華考
略〉，同前書，頁二八九～三一六。

方豪，〈明末清初旅華西人與士大夫之晉接〉，同前
　　書，頁二五五～二七一。

方豪，〈來華天主教教士傳習生物學事蹟概述〉，同
　　前書補編，頁二九一三～二九二九。

方豪，〈嘉慶前西洋音樂流傳中國史略〉，大陸雜誌，
　　第四卷第十期，民國四十一年五月，頁一～八。

方豪，〈嘉慶前西洋建築流傳中國史略〉，大陸雜誌，
　　第七卷第六期，頁四～九。

方豪，〈明末傳入的西洋教育〉，東方雜誌，復刊第
　　第八卷第十一期，頁三二～三九。

向達，〈明清之際中國美術所受西洋之影響〉，東方
　　雜誌，第二十七卷第一期，民國十九年，頁一九
　　～三八。

朱謙之，〈宋儒理學對於歐洲文化之影響〉，《中國
　　近代史論叢》，第一輯第二冊，台北：正中書局，
　　民國六十七年五月，頁六三～七八。

宋晞，〈中國文化對世界的貢獻與影響〉，東西文化，
　　第十八期，民國五十七年十二月，頁一～一九。

何炳松，〈中國文化西傳考〉，《中國近代史論叢》，
　　第一輯第二冊，台北：正中書局，民國六十七年

五月，頁三三～六二。

張蔭麟，〈明清之際西學輸入中國考略〉，同前書，
　　頁一～三二。

〈明末清初天主教傳教士的三種語音學著作〉，中華
　　學術院天主教學術研究所學報，第一期，頁一○
　　九～一一四。

陳受頤，〈十八世紀歐洲之中國園林〉，《中國近代
　　史論叢》，第一輯第二冊，台北：正中書局，民
　　國六十七年五月，頁一五七～一八九。

陳受頤，〈十八世紀歐洲文學裏的趙氏孤兒〉，《中歐文
　　化交流史事論叢》，台北：商務印書館，民國五十
　　九年四月，頁一四五～一八○。

郭廷以，〈近代西洋文化之輸入及其認識〉，大陸雜
　　誌，第四卷第七期，民國四十年三月，頁二一～
　　二九。

郭廷以，〈中國近代化的延誤〉，大陸雜誌，第一卷
　　第二、三期，頁七～一○、一六～二○。

崔韶子著，〈十七、十八世紀漢譯西學書的研究〉，
　　《韓國文化研究院論叢》，第三十九集，一九八
　　一年，頁一～二六。

雷一鳴，〈荷西入台傳教觀〉，台灣文獻，第六卷第四期，民國四十四年十二月，頁九三～九五。

劉光義，〈蒙古元帝室后妃信奉基督教考〉，大陸雜誌，第三十二卷第二期，民國五十五年一月，頁五三～五九。

謝扶雅，〈萊布尼茲與東西文化〉，《中國近代史論叢》，第一輯第二冊，台北：正中書局，民國六十七年五月，頁一四七～一五六。

羅常培，〈耶穌會士在音韻學上的貢獻〉，中研院史語所集刊，第一卷第三期，頁二六七～二七九。

顧保鵠，〈明末清初中歐文化交流概述〉，國立台灣教育學院語文教育研究集刊，第一期，民國七十一年五月，頁五一至七七。

G.F.Hudson 著，朱傑勤譯，〈論羅柯柯作風〉，《中國近代史論叢》，第一輯第二冊，台北：正中書局，民國六十七年五月，頁一三三～一四六。

Louise Wallace Hackney 著，〈西洋美術所受中國之影響〉，《中西文化交通史譯粹》，昆明：中華書局，民國二十八年十一月，頁一四二～一六○。

二、外文部份

Groot, J.J.M.De, Sectarianism and religious persecution in
China : a page in the history of religisns, Taipei
Literature house, 1963.

Harries, George L., The mission of matteo Reicei, S.J. : a
case studn of an effort at grvided culture change in
China in the sixteenth century.

Letourette, Kenneth Scott, A history of Christian missions
in China, Taipei Ching-Wen Publishing, 1966.

Ruan, Tomas F., S.J., Jesuits in China, Hong Kong,
Catholic Truth society, 1964.

L. Pfister Aloys, Notices Biographiques et
Bibliographiques Sur les mission de l'ancienne de
Chine （1552～1773）, 1934.

D. Elia, Fonti Ricciane Zvol, Roma, 1942～1949.